NOCIONES DE DERECHOS HUMANOS LABORALES PARA EMPRENDEDORES

César R. Cortés Guedea

EDIQUID

NOCIONES DE DERECHOS HUMANOS LABORALES
PARA EMPRENDEDORES

Editado por: Corporación Ígneo, S.A.C.
para su sello editorial Ediquid
Av. Arequipa 185 1380, Urb. Santa Beatriz. Lima, Perú
Primera edición digital, septiembre, 2021

ISBN: 978-612-5042-12-5

Hecho el Depósito Legal en la Biblioteca Nacional del Perú N° 2021-09569

www.grupoigneo.com
Correo electrónico: contacto@grupoigneo.com
Facebook: Grupo Ígneo | Twitter: @editorialigneo | Instagram: @grupoigneo

Diseño de portada: Mariana Barrientos
Corrección: Kenneth Zambrano
Diagramación: Dianora Gómez Nessi

Colección: Pensamiento

CONTENIDO

A Grecia, Irlanda, Zamira, Emmanuel y Emilio

AGRADECIMIENTOS

Extiendo mis agradecimientos al Ing. José Antonio Cortés Guedea y al Instituto de Derechos Humanos en las Empresas, A.C., por su participación activa y comprometida en el proyecto que da origen al presente libro.

1

INTRODUCCIÓN

En el desarrollo de las actividades de una empresa se hace necesario poner especial atención en uno de los elementos que permite que esta cumpla con su misión y logre su visión: las personas. La actividad empresarial precisa del trabajo productivo de las personas que forman parte del equipo de una determinada unidad económica, lo que genera relaciones laborales que es necesario administrar en beneficio de la rentabilidad del negocio. La administración de estas relaciones debe partir del conocimiento y cumplimiento de los derechos y obligaciones que le corresponden a la empresa y al trabajador.

El ignorar, no respetar o trasgredir los derechos u obligaciones de las personas dentro de una relación de trabajo generalmente ocasiona conflictos entre los trabajadores y la empresa que los emplea, que derivan en perjuicios para las dos partes; de ahí la importancia de que ambos participantes identifiquen cuáles derechos y obligaciones tienen.

El propósito de este documento es precisamente aportar a los emprendedores, a quienes participan en la administración de una empresa privada y a los que trabajan en ella, nociones sobre los derechos y obligaciones que nacen como producto de una relación de trabajo, con la intención de que sea respetada la dignidad de la persona y se logren los objetivos económicos de la organización.

Los derechos y obligaciones que se originan en una relación laboral, tradicionalmente se identifican como derechos laborales, pero, como consecuencia de la evolución en la que se ha visto envuelta la ciencia jurídica, producto de la transformación que ha tenido la sociedad, los derechos laborales se reconocen en la actualidad como derechos humanos, situación que exige estudiar la relación de trabajo desde la perspectiva de la dignidad de la persona y del trabajo decente o digno.

Debido a que la construcción del reconocimiento de los derechos humanos laborales no se genera exclusivamente en nuestro país, en este documento se abordan las aportaciones que a estos hacen las normas internacionales, no con el propósito de comparar ambas fuentes jurídicas, sino porque en el ejercicio práctico de estos derechos en las labores cotidianas en una empresa, obligatoriamente, debemos considerar tales normas; lo que significa que cuando en una empresa se respetan los derechos humanos laborales, no solo son aquellos que se reconocen en las normas nacionales, sino también los reconocidos en las normas internacionales que México ha aceptado.

Para un emprendedor, el administrador de una empresa o un trabajador, comprender los derechos laborales como derechos humanos le permite entender de manera más completa una serie de derechos específicos de la materia laboral. Es el caso del derecho de libertad, que, como derecho humano, se refleja en la materia laboral como libertad de trabajo, como prohibición del trabajo forzado, o como libertad gremial de carácter sindical. Esto también incluye el tema de la libertad de asociación y de reunión que ha impulsado a configurar un amplio apartado normativo en torno a los sindicatos, a la reunión de estos, al derecho de huelga, etc., o el asunto del derecho a conservar la salud y la integridad física, que, como derecho humano, conduce, en la materia laboral, a la conformación de sistemas de previsión y seguridad social, y a la definición de las reglas para brindar estos servicios a los trabajadores y su núcleo familiar.

Quienes dirigen o administran una empresa, sin importar su tamaño o actividad, deben estar conscientes de que es una obligación que esta sea un espacio en donde se desarrolla un trabajo decente o digno, para lo cual es indispensable el respeto a los derechos humanos laborales.

2

PERSONA, SOCIEDAD, DERECHOS HUMANOS Y TRABAJO

En este apartado, se pretende que el emprendedor analice la relación que guardan los conceptos de persona, sociedad, derechos humanos y trabajo, para entonces estar en la capacidad de comprender las razones por las cuales los particulares, como lo son la empresa, los patrones, los trabajadores y el propio emprendedor, deben respetar los derechos humanos.

Para ello es importante que el emprendedor, antes de continuar con la lectura de los siguientes párrafos, se pregunte lo siguiente:

- ¿Qué son los derechos humanos?
- ¿Permiten los derechos humanos que las personas sean iguales o las personas son iguales con independencia de los derechos humanos?
- ¿Deben estar presentes los derechos humanos en los lugares de trabajo?
- ¿Son los derechos humanos responsabilidad de todos?
- ¿Se vive mejor en una sociedad que respeta los derechos humanos?

La persona

El derecho y todo sistema legal son producto de la necesidad de las personas que viven en sociedad. Esto significa que, si no existieran las personas, entonces no serían necesarios ni el derecho ni los sistemas legales o jurídicos. También significa que ambos, para poder conseguir sus propósitos, deben partir del conocimiento de las personas.

Para efectos de los derechos humanos laborales, asumiremos la postura que señala Lacalle (2015) en el sentido de que «la persona humana es el individuo de naturaleza humana, la realización existencial de lo humano. Cada ser humano es persona, un ser singular, incomunicable, único, irrepetible e irreemplazable» (p. 26), lo que significa que todos los seres humanos somos personas, con independencia de nuestras circunstancias, capacidades, preferencias, etc.

La persona se caracteriza por ser libre, responsable de sus propios actos, solidaria, creativa y producto de la historia. El ser libre le permite dirigir y controlar sus propios actos, tomar decisiones y llevarlas a cabo, elegir, decidir por sí misma. Al ser responsable de sus propios actos, responde ante los demás y la sociedad por los actos que libremente decidió realizar. La solidaridad le posibilita orientar sus actos hacia los demás o hacia una causa en la cual trabajar. La creatividad lo ayuda a concebir nuevos enfoques, nuevos caminos, nuevas ideas. A través del tiempo, la persona busca su felicidad y una *vida digna*, y, en esa búsqueda, crea nuevas leyes, nuevas estructuras, así como nuevas relaciones justas.

Para que cada persona pueda desarrollar plenamente estas características, es necesario, entre otras cosas, que sea tratada con dignidad, esto es, que quienes integramos una sociedad reconozcamos a través del Derecho y de los sistemas legales que cada persona vale por sí misma, que no importan sus cualidades internas o externas, su raza, su religión, su orientación política, su sexo, edad, nacionalidad, condiciones sociales o económicas, formación cultural, posición intelectual o profesional, ni su conducta; toda persona debe ser tratada como tal en todo momento y en cualquier lugar, entre ellos, la empresa.

En atención a lo anterior es importante admitir que un elemento fundamental para comprender los derechos humanos laborales es la dignidad de la persona.

La sociedad

Ha sido el propósito de los párrafos anteriores establecer que sin sociedad no hay derecho; pero también es preciso señalar que la sociedad no se rige solo por el derecho, ni el derecho está presente en toda sociedad.

La sociedad, como es el caso de la mexicana, se funda en el concepto de la persona como ser valioso en sí mismo, único, individual e irrepetible, que solo se desarrolla plenamente cuando se relaciona con los demás. Dentro de una sociedad se reconoce que la persona es lo primero frente a todas las cosas (no frente a las otras personas), y, por tanto, también frente a las instituciones que han sido creadas por la propia sociedad. También se reconoce que estas instituciones surgen para permitir nuestra autorrealización y estructurar la convivencia entre quienes formamos parte de esta sociedad.

Siendo libre, la persona ha nacido para vivir en sociedad con otras personas que también lo son, por lo que se hace necesario que en toda sociedad haya una autoridad política (gobierno), como sucede en México, con la capacidad de exigirle a cada uno de sus integrantes el cumplimiento de las normas de convivencia necesarias para lograr el bien común. No importa la forma que tome esta autoridad política, lo importante es reconocer que debe existir. Esta autoridad tiene como finalidad cuidar la convivencia dentro de la sociedad, dejándola fluir libremente, por lo que debe limitarse a mantener un equilibrio para que las personas vivan y se desarrollen guiados por sí mismos; para ello, puede utilizar varias herramientas, entre las cuales destacan las leyes, como es el caso de la Ley Federal del Trabajo.

Como se mencionó, las personas somos libres, responsables y solidarias; pero dependemos de la sociedad y de nuestros semejantes, y tenemos el derecho y la obligación de contribuir a la construcción de la sociedad. El gobierno existe para proporcionar ayuda a las personas en su libre y responsable búsqueda de la autorrealización, posibilitando y reconociendo la iniciativa privada, además de no privar a las personas del ejercicio de autorresponsabilidad, no entorpecer su espacio vital, ni suplantar su libertad ni creatividad.

En una sociedad en donde cada uno cumple con su rol, según Zulueta (1981), el gobierno utiliza su autoridad para ponerla al servicio del grupo social, para única y exclusivamente lograr el bien común, y las personas contribuyen a dicho bien común obedeciendo libremente a tal autoridad. Por esto, no hay oposición entre autoridad y libertad, sino que se necesitan mutuamente.

El bien común es el bien de todos, y el bien de todos es un bien para cada uno. Lo que es bueno para la sociedad es bueno para cada una de las personas que la conforman. El bien común está por encima del bien particular y no porque sea el bien de más personas, sino porque es el bien del todo del que las personas forman parte. Sin embargo, el conseguir el bien común no puede atentar contra la condición de persona. Cabe aclarar que en cada sociedad la materialización del bien común depende de circunstancias, necesidades y exigencias concretas. Es una realidad dinámica que depende del ejercicio de la libertad y la responsabilidad de sus integrantes, además de estar siempre en proceso de realización.

Las leyes son las encargadas de organizar de la manera más adecuada para el bien común la convivencia entre las personas, por lo que tanto el gobierno como las personas están obligadas a cumplirlas, siempre que respeten la libertad y la dignidad de la persona.

Los derechos humanos

Para Lacalle (2015), los derechos humanos son aquellos derechos que posee toda persona por el solo hecho de ser persona, por lo que no son concesión de las leyes, ya que existen con anterioridad e independencia de ellas. Como se ha indicado, estos derechos no dependen de la edad, condición, raza, sexo o religión de la persona; son iguales para todos bajo cualquier circunstancia.

Los derechos humanos tienen su origen en la naturaleza de las personas, es decir, son aquellos que le permiten al individuo ser y desarrollarse como persona. Sin embargo, identificarlos y posteriormente enumerarlos resulta sumamente difícil, por lo que, en la actualidad, se recurre a determinar los derechos humanos una vez que se encuentran reconocidos por las leyes, en el entendido de que, a medida que la sociedad y las leyes evolucionan, se reconocen más y protegen de mejor manera los derechos humanos. Como ejemplo podemos mencionar el derecho a la libertad como un derecho humano, que a lo largo de la historia ha tenido distinto contenido y alcance en diversas sociedades. Hoy no se concibe la libertad de la misma manera que hace un siglo.

Los derechos humanos están integrados por aquellas normas que reconocen libertades y prerrogativas básicas a las personas. Estos derechos surgen a partir de la necesidad de establecer condiciones elementales que aseguran la existencia y favorecen el desarrollo de la persona, se sustentan en la *dignidad humana*, y también constituyen límites contra el uso arbitrario o irracional del poder; pueden ejercerse desde una faceta individual, como es el caso de la libertad y la vida, o a partir de una dimensión social o colectiva, como el derecho al trabajo, a la seguridad social, a la protección de la salud, a la educación y los derechos culturales.

Aunque los derechos humanos llevan la palabra *derecho*, esto no significa que solo otorgan facultades, aptitudes o capacidades a las personas, sino también *obligaciones* o deberes para la propia persona y los demás, ya que, según lo señalado por Martínez (2011), nuestros derechos nos permiten el adecuado cumplimiento de nuestros deberes naturales, por ejemplo, el derecho humano a la vida nos impone la obligación de cuidar y conservar la vida, a la vez que nos reconoce el derecho de buscar los medios para hacerlo, o el derecho humano a la igualdad nos señala nuestra obligación de reconocer la igualdad de todas las personas, al igual que luchar por conseguir que nos traten igual que a los demás.

Los derechos humanos se caracterizan por ser universales, interdependientes, indivisibles y progresivos. Son *universales* porque le corresponden a toda persona en cualquier contexto político, jurídico, social, cultural, espacial y temporal. Puesto que dependen unos de otros, y, en consecuencia, se relacionan, los derechos humanos son *interdependientes.* No hay jerarquización de unos y otros, ya que todos merecen la misma atención y urgencia, razón por la cual son *indivisibles.* La interdependencia y la indivisibilidad se traducen en que los derechos humanos están vinculados entre sí de tal modo que la satisfacción o la afectación de alguno de ellos, necesariamente, afecta a otros derechos. Son *progresivos,* ya que para el cumplimiento de ciertos derechos se requiere la toma de medidas a corto, mediano y largo plazo, pero procediendo lo más expedita y eficazmente posible; es decir, una vez alcanzado un determinado nivel o estándar, la protección que brinda este derecho debe ampliarse. Es preciso señalar que, en su ejercicio, alcances y dimensiones, los derechos humanos son *transversales,* pues cada bien jurídico que protegen (vida, libertad, trabajo, salud, etc.) abarca y afecta múltiples instrumentos (normas, leyes, tratados), ámbitos y problemáticas.

Algunos autores señalan que, además de las características antes mencionadas, los derechos humanos se distinguen por ser imprescriptibles, inalienables y, en cierto modo, absolutos. Son *imprescriptibles* debido a que no se pierden con el simple paso del tiempo; el hecho de que no se hayan ejercido en mucho tiempo no significa que ya no se tengan. Al ser *inalienables* los derechos humanos, se impone una restricción a su dominio, por lo que no se puede vender ni transmitir su posesión o uso de ninguna forma. Por ejemplo, una persona no puede vender o ceder su nacionalidad. Los derechos humanos son *absolutos,* lo que implica que pueden desplazar cualquier otra norma que no tenga el carácter de derecho humano, esto es, su respeto y protección es prioritaria.

En México, los derechos humanos tienen un tratamiento particular. La Constitución Política de los Estados Unidos Mexicanos, en el primer párrafo del artículo 1°, establece que todas las personas gozan de los derechos humanos que están reconocidos en la propia constitución y en los tratados internacionales que el gobierno mexicano haya aceptado. Esto significa que podemos encontrar los derechos humanos reconocidos en diversos documentos presentes y futuros, de tal suerte que el catálogo de derechos humanos se incrementará conforme el derecho evoluciona.

Además de indicar la constitución cuáles son los derechos humanos de los que una persona goza en México, también señala que la propia Constitución Política de los Estados Unidos Mexicanos genera los mecanismos para que estos derechos humanos sean protegidos. Una forma de proteger los derechos humanos es establecer que los mismos no pueden restringirse o suspenderse, salvo en los casos y bajo las condiciones que la propia norma fundamental establezca.

También la constitución mexicana, en el párrafo tercero de su artículo 1°, ordena que todas las autoridades, en función de su ámbito legal de atribuciones, tienen la *obligación* de tomar medidas para la sensibilización y educación en derechos humanos (promover), de abstenerse de cometer toda acción u omisión que viole los derechos humanos (respetar), de tomar las medidas necesarias para que ninguna persona viole los derechos humanos (proteger), y de hacer efectivos los derechos humanos a través de la toma de medidas necesarias (garantizar). Como consecuencia de estas obligaciones, todos los poderes y órganos de gobierno (federal, estatal y municipal) deben *prevenir*, *investigar*, *sancionar* y *reparar* las violaciones de derechos humanos que se presenten.

Las autoridades no son las únicas que tienen la obligación de respetar los derechos humanos, sino que también los particulares (personas físicas y personas jurídicas o morales) deben hacerlo, como es el caso de los patrones o las empresas. La Primera Sala de la Suprema Corte de Justicia de la Nación, en la resolución del Amparo directo en revisión 1621/2010, determinó en el quinto considerando que

> A juicio de esta Primera Sala, los derechos fundamentales previstos en la constitución gozan de una doble cualidad, ya que si, por un lado, se configuran como derechos públicos subjetivos (función subjetiva), por el otro, se traducen en elementos objetivos que informan o permean todo el ordenamiento jurídico, incluyendo aquellas que se originan entre particulares (función objetiva).

Esta obligación de los particulares de respetar y proteger los derechos humanos también es mencionada por la Corte Interamericana de Derechos Humanos en su Opinión consultiva 18/03, al señalar lo siguiente:

> **140.** En una relación laboral regida por el derecho privado, se debe tener en cuenta que existe una obligación de respeto de los derechos humanos entre particulares. Esto es, de la obligación positiva de asegurar la efectividad de los derechos humanos protegidos, que existe en cabeza de los Estados, se derivan efectos en relación con terceros (***erga omnes***). Dicha obligación ha sido desarrollada por la doctrina jurídica y, particularmente, por la teoría del Drittwirkung, según la cual los derechos fundamentales deben ser respetados tanto por los poderes públicos como por los particulares en relación con otros particulares.

Las normas generadas por ambas resoluciones las debe tener en mente el emprendedor o quienes administran una empresa, al momento de analizar los derechos humanos laborales en los siguientes apartados.

El trabajo

Las personas desarrollan sus vidas en un mundo material. Las personas trabajan con la intención de obtener algo como producto de ese trabajo. En ese esfuerzo, usan y fabrican instrumentos para satisfacer sus necesidades, en ocasiones producen más de lo que necesitan, establecen relaciones de producción, pero, sobre todo, le dedican mucho tiempo de su vida.

El trabajo es algo propio y específico de las personas, es uno de los factores básicos del desarrollo humano, es uno de los mejores medios de *humanización*. El trabajo deber ser visto como una oportunidad en múltiples aspectos.

> Es una oportunidad para dar algo de uno mismo al mundo; para que el hombre pueda elegir qué quiere hacer y en el hacer, hacerse a sí mismo; para relacionarnos con los demás; para vivir auténticamente nuestros valores y ponerlos a prueba; para construir día a día nuestro proyecto de vida; para vivir la libertad y la responsabilidad; para el despliegue de la creatividad y de la autotrascendencia, de la apertura al mundo; es una oportunidad para amar, y para dejar tras nosotros el mundo un poco mejor de como lo encontramos. (Lacalle Noriega, 2015, p. 213).

El trabajo lo debemos entender como una fuente de desarrollo personal no por lo que hacemos, sino por cómo lo hacemos. El trabajo nos brinda la oportunidad de perfeccionarnos y progresar cuando tenemos una actitud positiva, cuando nos esforzamos, cuando desarrollamos nuestras competencias, cuando hacemos las cosas bien, cuando percibimos que nos reconocemos por nuestro empeño. Esta oportunidad surge en cualquier tipo de trabajo.

El trabajo también nos permite ejercer nuestra libertad como personas, es decir, hay quienes buscamos en el trabajo solamente una alta remuneración, otros buscamos poder, otros más somos felices al hacer algo bien, y otros también lo consideramos como un servicio. Por ello es necesario que, como personas, nos enfoquemos adecuadamente en lo que buscamos con el trabajo, cuidando en todo momento que el mismo disponga de las *condiciones mínimas exigibles* para realizarlo.

De igual forma, el trabajo nos permite transformar el entorno en el que vivimos para poder sobrevivir o vivir más cómodos, sin olvidar el impacto medioambiental que ocasionamos. Cualquier trabajo debe analizarse desde la perspectiva de ser una actividad creadora más que destructora de la naturaleza, recordando que las personas tenemos que respetar la armonía con la naturaleza. El trabajo debe orientarse al cuidado y aprovechamiento de la naturaleza.

El trabajo es también un derecho humano, así lo establece el artículo 5° de la constitución política de los estados unidos mexicanos, el cual prescribe que

> A ninguna persona podrá impedirse que se dedique a la profesión, industria, comercio o trabajo que le acomode, siendo lícitos. El ejercicio de esta libertad sólo podrá vedarse por determinación judicial, cuando se ataquen los derechos de tercero, o por resolución gubernativa, dictada en los términos que marque la ley, cuando se ofendan los derechos de la sociedad. Nadie puede ser privado del producto de su trabajo, sino por resolución judicial. [...]

Esto significa que, en virtud del derecho humano que como personas tenemos de libertad, podemos realizar cualquier trabajo en función de nuestros propósitos, con la condición de que tal trabajo sea legal. Pero, además, el gobierno no deberá intervenir en nuestras decisiones en cuanto a qué trabajo desarrollar, y deberá proteger nuestra decisión frente a la intervención de otras personas o instituciones.

Todo emprendedor, patrón y trabajador debe estar consciente de que el trabajo, como derecho humano, no solo se encuentra reconocido y protegido por la Constitución Política de los Estados Unidos Mexicanos, sino también por una serie de documentos internacionales que México ha aceptado cumplir, como son la Declaración Universal de los Derechos Humanos (DUDH), el Pacto Internacional de Derechos Económicos, Sociales y Culturales (PIDESC), el Protocolo Adicional a la Convención Americana sobre Derechos Humanos en Materia de Derechos Económicos, Sociales y Culturales (Protocolo de San Salvador) y los Convenios Fundamentales de la Organización Internacional del Trabajo (OIT), los cuales serán analizados mas adelante.

3

GENERALIDADES DEL DERECHO

El propósito del presente apartado es que el emprendedor distinga las características de las fuentes del derecho, principalmente las que posee la Constitución Política de los Estados Unidos Mexicanos, para que entonces pueda valorar el alcance que, en el tema del respeto y la protección de los derechos humanos laborales, tiene la aplicación e interpretación de la propia Constitución y los tratados internacionales que abordan el tema de los derechos humanos.

Es recomendable que el emprendedor, previo a la lectura de los párrafos que a continuación se presentan, se formule las siguientes preguntas:

- ¿Por qué es necesario que existan normas de origen internacional?
- ¿Complementan las normas internacionales lo establecido en las normas nacionales?
- ¿A qué norma se le debe dar preferencia, a la nacional o a la internacional?
- ¿Debemos todos respetar las normas internacionales del trabajo o solo el gobierno?
- ¿Fue creada la OIT para beneficiar a los trabajadores?

Concepto de derecho

La palabra derecho proviene del latín *directum* que significa *dirigir* o *encaminar*. El uso de este término se orienta hacia la educación de la persona en un contexto social y a su conducta en lo individual. Como producto de esta orientación, a lo largo de la historia se han creado normas para castigar o sancionar, con el propósito de garantizar una convivencia adecuada entre las personas.

Para efectos prácticos, se ha considerado al derecho como un conjunto de normas jurídicas que regulan la conducta de las personas en sociedad. Este concepto tiene como elemento principal a las *normas jurídicas*, que son consideradas como reglas de conducta expedidas por una autoridad facultada para ello, con el propósito de regular la convivencia pacífica de las personas que integran una sociedad y cuya observancia o cumplimiento no está sujeta a la aceptación o no de la persona destinataria, ya que, si ella no la cumple, puede entonces verse obligada a hacerlo a través de la fuerza del gobierno. Por ejemplo, la Ley Federal del Trabajo señala que la persona que se beneficia del trabajo de otra persona debe pagar por ese servicio, pero si no lo hace, una autoridad del trabajo o un juez la obligará a hacerlo.

Estas normas se caracterizan por ser bilaterales, externas, coercibles y heterónomas. Son *bilaterales* porque en un mismo momento imponen un derecho y una obligación. Su característica de *exterioridad* es que no se ocupan de la intención de la persona, sino en el resultado material de su conducta. La particularidad de *coercible* atiende a que el cumplimiento de la norma se exigirá por distintos medios, incluso la fuerza, aún en contra de la voluntad de la persona. Y son *heterónomas* porque no es la persona que las tiene que cumplir quien las crea, sino otras personas.

Veamos un ejemplo, el artículo 24 de la Ley Federal del Trabajo señala que «Las condiciones de trabajo deben hacerse constar por escrito cuando no existan contratos colectivos aplicables. Se harán dos ejemplares, por lo menos, de los cuales quedará uno en poder de cada parte». Lo que establece este artículo es considerado como una norma jurídica, es *bilateral* porque al mismo tiempo que señala la obligación de un patrón de hacer constar por escrito las condiciones de trabajo, indica un derecho para el trabajador de tener por escrito las condiciones de su trabajo. Esta norma se caracteriza por ser *exterior*, ya que no importa si el patrón tuvo o no la intención de hacer constar por escrito las condiciones de trabajo, sino si las condiciones están o no por escrito. Es *coercible* porque si el patrón no cumple con su obligación de hacer constar por escrito las condiciones de trabajo, si el trabajador lo demanda, una autoridad del trabajo o un juez podrán obligarlo a que lo haga. Es *heterónoma*, porque ni el patrón ni el trabajador crearon este artículo, sino que fue otra persona (Congreso de la Unión).

Fuentes del derecho

Se considera como fuente del derecho a todo aquello que origina la creación de las normas jurídicas, esto es, actos, hechos, procesos o documentos. Las fuentes del derecho generalmente se clasifican en fuentes reales, formales e históricas.

Las *fuentes reales* son los acontecimientos que, en un momento dado, dentro de una determinada sociedad, determinan el contenido de la norma jurídica, ya que estas y el Derecho deben ajustarse a la realidad de la sociedad donde surgen, de tal manera «que el sistema de normas sea adecuado a la realidad social, a la situación económica y cultural de un pueblo de manera que su existencia resulte útil y realmente aplicable» como lo señala Reyes (2012, p. 29). Una fuente real de los derechos laborales mexicanos fueron los conflictos de los trabajadores durante la época del porfirismo, que, tras el triunfo de la Revolución, impulsaron la conformación del contenido del artículo 123 de la constitución mexicana.

Son *fuentes históricas* todos aquellos documentos que contienen normas jurídicas que actualmente no son válidas, pero que sirven como inspiración, orientación o ejemplo a quienes crean las nuevas normas jurídicas. Nuestra actual norma máxima tomó como guía o modelo la constitución de 1857.

Las *fuentes formales* son los procedimientos mediante los cuales se crea una norma jurídica. Las principales fuentes formales son la legislación, la costumbre, la jurisprudencia, la doctrina y los principios generales del derecho.

La *legislación* es el proceso mediante el cual los órganos del Estado (país) crean las normas jurídicas. En el caso mexicano, hay dos tipos de procesos legislativos, el local, realizado por el poder legislativo de cada entidad federativa (estado de la República), y el federal, llevado a cabo por el Congreso de la Unión (Cámara de Senadores y Cámara de Diputados). Al producto de ambos procesos se les conoce como *Ley*. La Ley Federal del Trabajo y la Ley del Seguro Social son producto del proceso legislativo federal. Adicionalmente a estos dos tipos de procesos legislativos, podemos incluir la celebración de tratados internacionales, que es un proceso por el cual dos o más países crean normas internacionales (o se adhieren a ellas) que deben aplicarse en los países que las crearon (o que se adhirieron). Un ejemplo de estos tratados internacionales son los Convenios de la Organización Internacional del Trabajo que regulan ciertos aspectos del trabajo en el mundo; la Declaración Universal de los Derechos Humanos que, además de considerar al trabajo como un derecho humano, establece normas a seguir para respetar diversos derechos en el trabajo; el Pacto Internacional de Derechos Económicos, Sociales y Culturales, que reconoce que hay ciertos derechos humanos relacionados con el trabajo; y el Protocolo Adicional a la Convención Americana sobre Derechos Humanos en Materia de Derechos Económicos, Sociales y Culturales, mejor conocido como «Protocolo de San Salvador», que reconoce y protege como derechos humanos determinados derechos derivados del trabajo.

La *costumbre* es una práctica implantada en una sociedad y considerada por esta como obligatoria. La costumbre tiene efectos legales, siempre y cuando no contradiga lo que ya señala una norma jurídica y que complemente una omisión o laguna de esa ley. En la medida en que las normas jurídicas abarcan más áreas de la vida en sociedad, es cada vez más raro utilizar la costumbre. Un ejemplo de costumbre —aunque sin efectos legales— serían las posadas que todas las empresas realizan para sus empleados en la época navideña, de tal suerte que cualquier trabajador que labora o ingresa a laborar en una empresa, al igual que cualquier emprendedor y empresario, perciben que la posada debe realizarse, por muy modesta que esta sea; sin embargo, ninguna ley obliga al patrón a realizarla, pero este, así como sus trabajadores, asumen que así debe ser.

La *jurisprudencia* es el conjunto de principios y doctrinas contenidas en las decisiones de ciertos tribunales. La jurisprudencia puede ser interpretativa o integradora. Es *interpretativa* cuando cumple con la función de explicar o aclarar lo que señala una norma jurídica. Se considera *integradora* en el momento en que cubre las lagunas que pudieran existir en las normas jurídicas. En México, la jurisprudencia surge de las decisiones de la Suprema Corte de Justicia de la Nación o de los Tribunales Colegiados de Circuito. Para que una decisión tomada por los Tribunales Colegiados de Circuito se considere jurisprudencia es necesario que haya antes cinco decisiones continuas en el mismo sentido, no es así en el caso de la Suprema Corte, donde una solo decisión de ella produce jurisprudencia. El efecto o la consecuencia de la jurisprudencia es que los jueces de cualquier tipo que tengan que decidir sobre el tema que versa la jurisprudencia deben utilizarla obligatoriamente. Sin embargo, también hay jurisprudencias que provienen de tribunales internacionales, por ejemplo, la Corte Internacional de Justicia y la Corte Interamericana de Derechos Humanos. En este caso, los tribunales internacionales interpretan o integran normas internacionales (principalmente tratados o convenios) y no es necesario que haya el antecedente de cinco decisiones en el mismo sentido, por lo que, al emitir una sola decisión, dichos tribunales están generando jurisprudencia. Al igual que la jurisprudencia *nacional*, los jueces de cualquier nivel, deben utilizar obligatoriamente la jurisprudencia *internacional*, siempre y cuando sean jueces en los países que forman parte de los tratados o convenios internacionales que origina la jurisprudencia. Ejemplo de jurisprudencia nacional e internacional son las planteadas en el apartado anterior de este documento (Amparo directo en revisión 1621/2010 y Opinión consultiva 18/03), al estudiar el tema de la responsabilidad que tienen los particulares de respetar los derechos humanos.

La *doctrina*, como lo señala García Máynez (2014), son los estudios de carácter científico que las personas dedicadas al estudio del derecho realizan, con la intención de sistematizar sus preceptos o interpretar las normas y señalar las reglas de su aplicación. En México, la doctrina no tiene ningún efecto legal, ya que no es obligatoria para ningún juez o tribunal, aunque sirve para documentarse y ampliar su cultura jurídica.

Los *principios generales de derecho*, de acuerdo con la Suprema Corte de Justicia de la Nación, son considerados como verdades jurídicas notorias, indiscutibles, de carácter general, elaboradas o seleccionadas por el derecho, con la intención de que un juez o tribunal dé solución a un problema planteado, como si estuviera aplicando una norma jurídica. Son apoyos que se utilizan para aplicar una norma jurídica. Estos principios deben estar en armonía con el conjunto de normas que se está tratando de aplicar para solucionar un caso concreto. Realmente no hay un catálogo de principios a los cuales se pueda acudir y con los que todos los estudiosos del derecho estén de acuerdo. Sin embargo, hay algunos principios (aunque algunos señalan que no entran en esta categoría) que son básicos tratándose de la materia de derechos laborales: *las normas relativas a los derechos laborales se interpretarán de conformidad con la constitución y con los tratados internacionales* (principio de interpretación conforme) y *siempre se aplicará la norma que ofrezca la protección más amplia al derecho laboral del trabajador* (principio pro-persona).

Aplicación del derecho

Al existir una diversidad de normas jurídicas, de distintos orígenes y áreas, es necesario establecer un sistema de aplicación que nos indique qué norma se debe aplicar antes que otra, cuando ambas regulen la misma situación. En este sentido, hay que precisar que el sistema legal mexicano se apoya en el principio de la jerarquía de las normas, el cual establece que al momento de resolver un problema de carácter legal deberá aplicarse primero la norma de mayor jerarquía y posteriormente la de menor jerarquía. Este principio de jerarquía parte de la base de que las normas de menor jerarquía deberán estar en concordancia y no contradecir las normas de mayor jerarquía, por lo que, si una norma de menor jerarquía contradice a una superior, entonces no deberá de aplicarse la primera.

Bajo esta estructura jerárquica, la constitución será la de mayor jerarquía en el sistema legal mexicano. En un segundo escalón jerárquico están las leyes federales y los tratados internacionales, lo que supone que estos dos tipos de normas no pueden estar en contra de la Constitución Política de los Estados Unidos Mexicanos o contradecirla, y que, en caso de contradicción, se aplicará lo que establece la constitución. En el tercer escalón se encuentran las constituciones de los estados de la República Mexicana. Las leyes expedidas en los estados de la República Mexicana se encuentran en el cuarto escalón. El quinto escalón lo ocupan las *leyes municipales* promulgadas por cada municipio del país. Los reglamentos municipales se sitúan en el sexto escalón. En el último escalón están las normas jurídicas individualizadas, es decir, aquellas que regulan un caso particular concreto, como lo son las sentencias, los contratos, las resoluciones o los testamentos.

Sin embargo, este sistema jerárquico de aplicación de las normas no opera igual cuando se trata de derechos humanos —entre ellos, los laborales—, ya que en el primer escalón se coloca a la Constitución Política de los Estados Unidos Mexicanos y a los tratados internacionales que reconocen algún derecho humano (y las interpretaciones de ambas normas). Esta jerarquización implica que todas aquellas normas que traten sobre derechos humanos, con independencia de su nivel de jerarquía, no deben contradecir, ni a la constitución, ni a los tratados internacionales que contengan derechos humanos de la materia que se trate. Por ejemplo, la Ley Federal del Trabajo, cuando regula algún tipo de derecho humano, no deberá contradecir en esa regulación ni a la Constitución Política de los Estados Unidos Mexicanos, ni a la Declaración Universal de Derechos Humanos, ni al Pacto Internacional de Derechos Económicos, Sociales y Culturales, ni al Protocolo de San Salvador, ni a los Convenios Fundamentales de la OIT.

Además, para la solución de un caso concreto en materia de derechos humanos, los jueces o los tribunales deben aplicar la norma que mayor protección o menos restricción ofrezca al derecho humano de la persona, sin importar su nivel jerárquico. De esta forma, la base para resolver una situación en la que está involucrada la temática de los derechos humanos, como pudieran ser los derechos laborales, puede ser una norma con la menor de las jerarquías.

Ramas del derecho

Para efectos de comprender el contenido y alcance de las normas jurídicas, se hace necesario ordenarlas por ramas, de tal suerte que las ramas del derecho son el derecho público, el derecho privado y el derecho social.

El *derecho público* es el conjunto de normas jurídicas que regula las relaciones y funciones del Estado, y las relaciones de este con las personas. Dentro del derecho público podemos encontrar el derecho constitucional, el derecho procesal, el derecho administrativo, el derecho fiscal, el derecho penal y el derecho internacional público.

El *derecho privado* es el conjunto de normas jurídicas que regula las relaciones entre las personas. El derecho civil, el derecho mercantil y el derecho internacional privado son parte de esta rama del derecho.

El *derecho social* es el conjunto de normas jurídicas que resulta de una nueva concepción del ser humano con respecto al derecho; pretende regular equitativa y equilibradamente las relaciones que se dan entre el Estado y las personas, principalmente los más débiles y desprotegidos, proponiéndose evitar la discriminación de ciertas clases sociales y buscando alcanzar la paz social. Dentro del derecho social encontramos al derecho agrario, el derecho del trabajo, el derecho de la seguridad social, el derecho económico y el derecho ecológico. Por la temática del presente documento, es importante precisar que el derecho del trabajo o derecho laboral es el conjunto de normas jurídicas que regulan las relaciones entre patrones y trabajadores con el objeto de conseguir el equilibrio y la justicia social, y que el derecho de la seguridad social es el conjunto de normas, principios e instituciones jurídicas que se proponen la protección del ser humano frente a cualquier riesgo que ponga en peligro su estabilidad física, psicológica y económica.

Como el emprendedor podrá apreciar, en el desarrollo de cualquier actividad empresarial es importante conocer el impacto que en ellas tiene la aplicación de disposiciones nacionales e internacionales, en particular cuando se trata de temas relacionados con los derechos humanos.

4

ANTECEDENTES DEL DERECHO LABORAL

La intención del presente apartado es que el emprendedor logre diferenciar los principios jurídicos y elementos propios del derecho laboral que le permiten fortalecerse y consolidarse como una especialidad independiente, así como poder evaluar la doble función del derecho laboral, como elemento valioso para amparar y defender a la clase trabajadora, y como medio idóneo para canalizar por la vía pacífica la solución de las controversias entre empleadores y trabajadores.

Vale la pena que antes de continuar con la lectura, el emprendedor reflexione sobre estos cuestionamientos:

- ¿Por qué en el trabajo hay discriminación por cuestión de sexo?
- ¿Con qué medios cuenta un trabajador para defender sus derechos?
- ¿Cuál es la reacción de una empresa cuando un trabajador defiende sus derechos?
- ¿Cómo perciben la justicia los trabajadores? ¿Cómo la perciben los patrones?
- ¿Cuáles son los medios con los que se resuelven los conflictos entre trabajadores y patrones?

Como se revisó en el apartado anterior, el derecho laboral es la rama del derecho que, por su objeto y contenido, interesa desarrollar en este documento, ya que los derechos humanos laborales se derivan de las relaciones entre patrones y trabajadores debido a la existencia de un trabajo personal subordinado. Entender el objeto, las características, los principios y la naturaleza del derecho laboral resulta de gran relevancia para conseguir el respeto a los derechos humanos laborales y con ello contribuir al logro del equilibrio y la justicia en una sociedad.

Razón del derecho laboral

En el momento en que nace una relación entre dos personas, en la que una de ellas es un trabajador que pone a disposición de otra su fuerza de trabajo física o intelectual, para que la dirija a cambio del pago de un salario; surge la razón de la existencia del derecho laboral.

Esta relación, que se considera jurídica y contractual, es diferente a otras debido a las siguientes características:

- Existe una subordinación, ya que el trabajador limita su libertad de trabajo ante otra persona (empleador o patrón) para que esta dirija su actividad. Sin embargo, esta limitación de la libertad no altera sus derechos como persona, es decir, conserva su dignidad, honor, intimidad, etc.
- El producto (frutos o resultados) del trabajo no le pertenece al trabajador, sino a su empleador o patrón. El producto es ajeno al trabajador debido a que hay otra persona que le paga por realizarlo. Al ser ajeno, el empleador o patrón asume económicamente los riesgos derivados del trabajo, por lo que el trabajador no es responsable si no se logra el producto esperado y, en consecuencia, no deja de recibir su pago.

- Es una expresión de la libertad de trabajo del trabajador, que se plasma en un contrato de trabajo, en donde el trabajador voluntariamente pone a disposición de otro su fuerza de trabajo y al mismo tiempo cede el producto de su trabajo.
- Persigue fines económicos, ya que, por un lado, el trabajador presta sus servicios para ganar dinero, y por el otro, el empleador o patrón aprovecha el esfuerzo del trabajador, también para ganar dinero. Al ser el contrato oneroso, se genera la obligación del empleador o patrón de retribuir al trabajador por sus servicios.

A partir de lo anterior, podemos decir que no toda actividad que realiza una persona está dentro de la esfera del derecho laboral, sino solo aquella en la que está presente un trabajo asalariado que se realiza de manera personal, por cuenta ajena, en forma subordinada, a cambio de un pago en dinero.

El trabajo asalariado

Todo indica que, antes de la época romana, lo que hoy entendemos como trabajo se refería al nexo entre quien recibía el servicio y el objeto de este, en el que estaba ausente un pago de aquel. El trabajo, así entendido, aludía al trabajo del esclavo, el cual, por ser realizado por alguien que era considerado como una cosa, era propiedad del dueño del esclavo. Durante el período de las antiguas civilizaciones, esta forma de aprovecharse del trabajo humano fue el principal impulso de sus economías.

No es sino hasta la antigua Roma cuando se pueden encontrar antecedentes del trabajo realizado por una persona libre a cambio de un pago. Esta forma de trabajo fue materia de estudio de los juristas de aquella época, los cuales vieron la necesidad de darle una estructura de contrato en el que quedaba plasmada la forma del servicio y el pago que por él tenía que realizarse. Esta estructura contractual trató de abarcar todas las formas de trabajo que iban surgiendo y se hizo cada vez más necesaria debido al crecimiento económico que presentaba la población romana, el cual originó que la mano de obra esclava fuera insuficiente.

Boza Pró (2014) nos relata que ante el crecimiento económico romano se originó un problema social; los hombres libres pobres o los esclavos recién liberados, *arrendaban* su trabajo a cambio de dinero. Problema que los juristas romanos resolvieron con un tratamiento legal distinto, ya que las condiciones del trabajo esclavo y del hombre libre eran diferentes. La diferencia consistía en que los hombres que no eran esclavos se relacionaban libremente con quienes requerían de sus servicios.

Es así como surge el primer contrato de trabajo, que era considerado como un contrato civil en el que un acreedor (el que requería la actividad o el trabajo) utilizaba a un deudor (el que realizaba la actividad o el trabajo) que se obligaba a poner su fuerza de trabajo bajo la disposición y obediencia del acreedor. Este contrato se centraba en la actividad que realizaba el deudor.

Un segundo tipo de contrato surgió, pero este no se centraba en la actividad, sino en la obra. En virtud de este contrato, alguien contrataba a una persona para realizar una obra determinada, por lo que se dejaba en manos de quien la realizaba la libertad para llevarla a cabo. Lo importante era el resultado. Este tipo de contrato era utilizado para los artesanos a los que se les pedía un mueble o para un herrero al que se le requería un número determinado de armas.

Estos dos tipos de contratos pueden considerarse como los antecedentes de tres de las actuales relaciones de trabajo que considera la Ley Federal del Trabajo: la relación de trabajo por tiempo determinado, la relación de trabajo por tiempo indeterminado, y la relación de trabajo por obra determinada.

En la antigua Roma, el trabajo de los hombres libres tuvo entonces dos características: que alguien lo realizaba por otro y que se le pagaba a quien lo llevaba a cabo. En la Edad Media se mantuvieron las mismas figuras del trabajo de esclavos y del trabajo libre con sus dos variantes, aunque, de acuerdo con Sanguineti (2008), estas últimas recibieron el nombre de arrendamiento de servicios y arrendamiento de obra, figuras que fueron recogidas por el código civil francés de 1804.

Un segundo momento en la evolución del trabajo asalariado lo podemos encontrar cuando el feudalismo iba desapareciendo y comenzaron a formarse las primeras grandes ciudades. La formación de las ciudades generó el crecimiento de los mercados y del intercambio comercial, lo que provocó el surgimiento de ciertas unidades de producción denominadas *talleres de artesanos*. Estos talleres, en la medida que iban creciendo, fueron requiriendo más fuerza de trabajo, lo que atrajo a muchas personas del área rural y se hizo necesario, entre otras cosas, organizar el trabajo.

Uno de los primeros pasos en esa organización fue dividir el trabajo, lo cual se hizo básicamente estableciendo las responsabilidades del *maestro*, los *oficiales* y los *aprendices*. Según Ramagnoli (1997), el *maestro* se encargaría de organizar, dirigir y perfeccionar el trabajo de los *oficiales*, quienes realizaban su trabajo bajo la dirección del *maestro*. Los *aprendices*, a su vez, estaban en un proceso de formación conducido por los *oficiales* con la idea de convertirse en uno de ellos al terminar su formación. Esta forma de organizarse podría considerarse como una estructura pionera de relación de trabajo.

Con esta nueva forma de producir, también surgieron situaciones que, en su momento, tuvieron que ser analizadas. Por un lado, dentro de sus legítimas aspiraciones, los *oficiales* deseaban convertirse en *maestros*, y, una vez que lo lograban, ponían a funcionar su taller. Por el otro, el crecimiento de las ciudades atraía la idea de generar más talleres, lo cual comenzó a dificultar la operación de los talleres antiguos ante la saturación del mercado de talleres. Para evitar esto último, nacieron los *gremios*, que eran agrupaciones de *maestros* de cierta rama (carpinteros, herreros, panaderos) que comenzaron a monopolizar todo lo relacionado con su respectiva actividad, autorizando o impidiendo la apertura de nuevos talleres. Pero también los oficiales generaron sus propias agrupaciones (especies de sindicatos) con la intención de buscar mejores condiciones de trabajo dentro de los talleres, mediante la negociación o, si era necesario, por medio de la fuerza (que fue las menos de las veces).

Lo interesante de esta época es que la manera en que se organizó el trabajo impulsó figuras que hoy se consideran como parte del derecho laboral: el trabajador (*oficiales* y *aprendices*), la empresa (*talleres*), el patrón o empleador (*maestros*), y las organizaciones de trabajadores y empleadores (*gremios* y especies de sindicatos). Además, crecen las formas libres de trabajo independiente dentro de una naciente economía de mercado.

Surgimiento del derecho laboral

Con la revolución francesa de 1789 y la revolución industrial inglesa, comenzaron a sentarse las bases de lo que hoy conocemos como derecho laboral. En esta época, muchos países caminaban hacia el capitalismo, aunque lo hacían a distinta velocidad, pero en la mayoría de ellos pueden distinguirse algunos rasgos comunes que nos permiten entender el surgimiento del derecho laboral:

- El maestro artesano se convierte en mercader, que busca colocar sus mercancías más allá de donde las produce.
- Los talleres se ven desplazados por los comercios, a donde ahora las personas acudían a adquirir los productos que necesitaban.
- Ya no recae en una sola persona la generación de la materia prima y la fabricación de un bien.
- Crece la productividad, resultado de las innovaciones técnicas.
- Se reducen los costos de producción.
- Surge la explotación del trabajador asalariado.
- Se organiza el trabajo de una nueva manera, en la que hay división y jerarquización, y en la que el trabajador pierde el control del proceso de producción.
- Es necesaria la especialización del trabajador y este se convierte en un elemento funcional dentro del proceso masivo de producción.

En los países en los que se presentaban estos rasgos dominaba el liberalismo, que defendía que solo las leyes naturales del mercado debían regular las relaciones entre las personas, por lo que el gobierno no debía intervenir para regular las relaciones económicas. Esta ideología propició un orden económico y social injusto que en el ámbito laboral representó la dominación de la postura empresarial frente a la clase trabajadora. «Las condiciones de trabajo se caracterizaron por ofrecer bajos salarios, largas y agotadoras jornadas de trabajo, limitadas condiciones de seguridad e higiene, y un alto índice de muertes de los trabajadores, en especial de niños y mujeres.» (Martín, Rodríguez-Sañudo y García, 2018, p. 51).

Ante esta situación injusta, los trabajadores comenzaron a reaccionar de manera organizada, proponiendo reclamaciones comunes para mejorar su calidad de vida. El gobierno también intervino para limitar la autonomía de la voluntad empresarial, buscando un equilibrio entre los empleadores y los trabajadores. La intervención del gobierno logró dos cosas: encauzar el conflicto que en un momento dado podía poner en peligro el orden social establecido y controlar el fortalecimiento del movimiento obrero que prosperaba. Es en este momento cuando surge la doble función del derecho laboral; amparar y defender a la clase trabajadora, así como canalizar por la vía pacífica la solución de las controversias entre empleadores y trabajadores.

Paulatinamente, con la promulgación de leyes protectoras para la clase trabajadora y la acción de las primeras organizaciones sindicales se logró que se fijaran reglas básicas que consiguieron limitar el abuso de los patrones. Todo ello contribuyó a fortalecer y consolidar el derecho laboral como una especialidad independiente del derecho civil, que hasta ese momento había regulado el trabajo asalariado. Esta independencia generó que surgieran principios jurídicos propios que respondieran a las necesidades del derecho laboral.

El derecho laboral nació producto de la relación desigual entre los empleadores y los trabajadores, por lo que su propósito es buscar por distintos medios que la igualdad esté presente o que la desigualdad disminuya. Para lograr su propósito, se hizo indispensable apoyar y proteger a la parte más débil de la relación. Esta inclinación hacia el trabajador hace que el derecho laboral sea eminentemente protector; persigue guardar, amparar y defender determinados derechos e intereses del asalariado, los cuales evolucionan o son diferentes en cada momento histórico.

Etapas del derecho laboral

Como se mencionó antes, la disciplina jurídica del derecho laboral se separó del derecho civil, lo cual ocurrió entre los siglos XIX y XX, y en este tránsito se pueden distinguir tres fases que, como menciona De la Cueva (2018), se caracterizan por la postura que el gobierno tomó con relación a la defensa de los derechos de los trabajadores: la prohibición, la tolerancia y el reconocimiento.

La *prohibición* fue una fase en la que el gobierno liberal y las primeras organizaciones de defensa de los intereses de los trabajadores (sindicatos) se constituyeron como los actores principales. El gobierno liberal tomó una actitud de abstencionismo frente a las fuerzas del mercado y castigó a todo aquello que representara una forma de organización de los trabajadores. Incluso hubo códigos penales que señalaban a la formación y operación de sindicatos como una manera de contrariar el orden público. Los sindicatos, en respuesta, persistieron en su pugna por alcanzar *condiciones humanas* en el trabajo.

En la fase de la *tolerancia*, el castigo hacia los sindicatos se detuvo, así como todas las sanciones contra ellos, en gran medida por la presión social que estos habían ejercido, así como el giro democrático que algunos gobiernos habían tomado. Sin embargo, seguían sin ser bien vistas las manifestaciones a favor de la creación y el trabajo de los sindicatos, aunque algunos gobiernos se volvieron permisivos ante todo lo relacionado con las situaciones laborales. Los gobiernos, con el propósito de realizar una mejor planificación de sus actividades, comenzaron a recopilar información intensamente, entre ella la relacionada con las cuestiones laborales, lo cual permitió generar informes sobre la problemática laboral que posteriormente sirvieron para proponer normas que regularan el trabajo.

La fase del *reconocimiento* se caracterizó, como lo señalan Orozco y Valencia (2019), «como una etapa en donde el Estado empezó a intervenir decididamente en las relaciones laborales, reconociendo un conjunto de derechos laborales» (p. 45). En esta fase se reconocen los primeros derechos laborales como la *jornada mínima*, el *goce del salario*, la prevención y respuesta ante los *accidentes de trabajo*. De igual forma, se comenzaron a establecer condiciones básicas para que las actividades de los sindicatos pudieran desarrollarse. El *reconocimiento* permite percibir el conflicto entre trabajadores y empleadores como algo propio de la naturaleza de las relaciones de trabajo, por lo que el gobierno comienza a crear autoridades administrativas del trabajo como órganos públicos especializados en la administración de tales conflictos.

El derecho laboral y la constitución

Hasta principios del siglo XX, una constitución se consideraba como una norma que regulaba la organización de un Estado y las relaciones de las instituciones derivadas del Estado con las personas. Las relaciones entre las personas no formaban parte de sus objetivos, ya que generalmente se utilizaban los códigos civiles para tales efectos.

Sin embargo, nuestra constitución de 1917 y la constitución alemana de Weimar de 1919 fueron las primeras en incorporar los derechos sociales, entre ellos los relacionados con el trabajo. Ambas constituciones sirvieron de ejemplo para que, durante el siglo XX, después de la Segunda Guerra Mundial, las constituciones de los países europeos y latinoamericanos contemplaran los derechos laborales. Estas acciones pusieron en el centro de la protección del gobierno a los derechos sociales, especialmente a los derechos en el trabajo.

El hecho de que ahora los derechos laborales se contemplaran en una constitución produce consecuencias jurídicas para todo el orden y sistema legal de un país, ya que, de acuerdo con lo analizado por Ackerman (2014), los intereses tutelados por el derecho laboral tienen ya una alta valoración, ciertos derechos laborales ahora son considerados como derechos humanos, y los derechos en el trabajo se convierten en un límite a las tendencias desregulatorias.

La incorporación de los derechos laborales en la constitución permite observar una evolución de un gobierno liberal a un gobierno preocupado por lo social, en donde es tangible su decisión de intervenir en las relaciones laborales para corregir las profundas desigualdades históricas en la sociedad.

La internacionalización del derecho laboral

A la par que el derecho laboral desarrollaba una fuerte relación e importancia en las constituciones de la gran mayoría de los países, también se generó una importante vinculación con el aspecto internacional, que, en el caso mexicano, tuvo dos vías, la universal y la regional. La internacionalización del derecho laboral supone que ya no queda en manos de un solo país el reconocimiento y la regulación total de los derechos derivados de las relaciones de trabajo, sino que ahora la autoridad conjunta de varios países, o de un organismo que los represente, establecen ciertas normas que tienen impacto en la forma en que se reconocen y protegen los derechos laborales. Regularmente, este tipo de normas toman la figura de tratados internacionales en los que los países que los firman aceptan cumplir con su contenido.

A lo largo del siglo XX y XXI, México ha participado en la elaboración de tratados internacionales en materia del trabajo o ha aceptado su cumplimiento. En la vertiente universal, como se ha mencionado en apartados anteriores, México ha aceptado cumplir con la Declaración Universal de los Derechos Humanos que, en su artículo 23, además de considerar al trabajo como un derecho humano, establece normas a seguir para respetar diversos derechos en el trabajo. También ha aceptado cumplir el Pacto Internacional de Derechos Económicos, Sociales y Culturales que reconoce que hay ciertos derechos humanos relacionados con el trabajo, específicamente en sus artículos 6, 7, 8 y 9. De igual forma, se ha comprometido a cumplir con los Convenios Fundamentales de la Organización Internacional del Trabajo (OIT), cuyo contenido es específicamente en materia del trabajo, a diferencia de los dos tratados antes mencionados.

En la vertiente regional, México se ha comprometido con otros países de América a respetar y hacer cumplir ciertos tratados internacionales con un contenido relacionado con la materia del trabajo, en donde específicamente se señala que el derecho al trabajo es un derecho humano. Quizá el tratado internacional con mayor trascendencia en esta materia es el Protocolo Adicional a la Convención Americana sobre Derechos Humanos en Materia de Derechos Económicos, Sociales y Culturales, mejor conocido como «Protocolo de San Salvador», que en sus artículos 6, 7, 8 y 9 reconoce y protege como derechos humanos determinados derechos derivados del trabajo.

Los derechos laborales han sufrido una evolución en los distintos tratados internacionales, que ha derivado de la constante preocupación de los gobiernos por una mejor protección para los trabajadores, al grado de llevarlos a su reconocimiento como derechos humanos y trabajar constantemente en su perfeccionamiento y alcance.

La trascendencia de la internacionalización se traduce en que los tratados internacionales obligan a los países no solo a su cumplimiento, sino también a adoptar cambios en sus leyes internas para lograr un nivel de protección igual o mayor que el que dichos tratados conceden. La internacionalización, vinculada con la incorporación de los derechos relacionados con el trabajo en la constitución, tienen el propósito de lograr una mejor protección de los derechos del trabajador.

La flexibilización del derecho laboral

Como podrá observarse, la protección de los derechos de los trabajadores desde la antigua Roma hasta el siglo XXI ha cambiado de manera importante, aunque lenta, pero siempre en aumento. Sin embargo, como consecuencia del desempleo y la recesión económica que se presentó a finales del siglo XX, muchos críticos del derecho laboral comenzaron a alzar nuevamente sus voces contra él, señalando que provocaba que la economía no se desarrollara debido a la sobreprotección que otorgaba a los trabajadores y el impacto que tenía el aumento del precio a pagar en un contrato de trabajo.

Aunque tales argumentos no tenían fundamentos, principalmente porque la intervención del derecho laboral permitió que el abuso hacia los trabajadores por parte de las empresas disminuyera de manera sustancial, la mayoría de los países, ante la crisis económica que se les presentó, tomaron la decisión de realizar modificaciones en sus leyes del trabajo para adaptarse a las nuevas circunstancias, a pesar de que ello significara un retroceso en la protección al trabajador. Para De Buen (2005), un sinnúmero de situaciones contribuyeron a disminuir la protección de los trabajadores en algunos países: la migración del trabajo industrial al sector de servicios, el desplazamiento de ciertos trabajos por las innovaciones tecnológicas, el arribo del neoliberalismo al poder, la postura de los gobiernos a abstenerse nuevamente de intervenir en las relaciones laborales, así como la desconcentración de las grandes industrias.

En el contexto internacional también hubo consecuencias para el modelo que buscaba la regulación en el mercado de trabajo, ya que los países comenzaron a disminuir su participación en la aceptación de tratados internacionales en materia laboral.

Todas las circunstancias mencionadas dieron origen en Europa al concepto de *flexibilidad laboral*, que proponía una revisión general de las normas laborales para ajustar o frenar los niveles de protección hacia los trabajadores. En esta idea, la norma era considerada como el elemento rígido que había que modificar para que fuera posible adaptarla a las diversas formas en que se prestaba el trabajo. Sobra mencionar que esta idea tenía como beneficiarios únicamente a los empresarios, ya que los trabajadores veían disminuidos sus derechos ganados históricamente.

Afortunadamente, el derecho laboral ha retomado su fuerza en muchos países. México no es la excepción. A partir del 2011, las reformas constitucionales en materia de derechos humanos y en materia laboral, así como en la Ley Federal del Trabajo y la Ley del Seguro Social, han propiciado que el derecho laboral tenga nuevos alcances en la protección de los derechos de los trabajadores. De igual forma, los tratados internacionales que en materia comercial ha celebrado México, principalmente el llamado T-MEC (Tratado México-Estados Unidos-Canadá) en 2019, han colaborado a que se ponga en el centro de la regulación la protección de los derechos laborales, principalmente aquellos relacionados con la sindicalización.

El derecho laboral en el México actual

Como se mencionó en apartados anteriores, el derecho laboral es el conjunto de normas jurídicas que regulan las relaciones entre patrones y trabajadores. A estas normas se les identifica como normas laborales o del trabajo, y a las relaciones, como relaciones laborales o de trabajo. Las normas del trabajo que actualmente rigen las relaciones laborales tienen el propósito de conseguir el equilibrio en esas relaciones y una justa participación en las riquezas que han contribuido a crear, así como favorecer el trabajo digno o decente.

El trabajo digno dentro de una empresa o centro de trabajo, por grande o pequeño que este sea, se caracteriza porque se respeta plenamente la dignidad humana del trabajador; porque no existe discriminación hacia el trabajador por su origen étnico o nacional, género, edad, discapacidad, condición social, condiciones de salud, religión, condición migratoria, opiniones, preferencias sexuales o estado civil; porque se incorpora al trabajador a la seguridad social; porque se paga un salario remunerador; porque el trabajador recibe capacitación y adiestramiento continuo para incrementar las productividad, beneficiando esto a él y a su empleador; porque se cuenta con condiciones óptimas de seguridad e higiene para asegurar la vida, dignidad y salud del trabajador y su familia; porque se respetan plenamente los derechos de libertad de asociación, autonomía, huelga y contratación colectiva; y porque se generan las mismas oportunidades de trabajo para hombres y mujeres, considerando sus diferencias biológicas, sociales y culturales.

El derecho laboral mexicano considera al trabajo como un derecho humano y un compromiso de la sociedad. No debe ser considerado como un artículo de comercio, por lo que debe respetarse en sus libertades y dignidad a quien lo realiza. Las normas laborales, entonces, velarán en todo momento por que el trabajo se reconozca y respete como derecho humano, para lo cual podrá apoyarse en cualquier ley nacional y tratado internacional que sea aplicable a las relaciones de trabajo en todo lo que beneficie al trabajador.

En este propósito de reconocer y respetar al trabajo como un derecho humano, las normas laborales regulan diversas figuras que están presentes en las relaciones laborales, principalmente aquellas que se refieren al trabajador, el patrón (empleador), el intermediario, la subcontratación y la empresa; figuras que se encuentran definidas en los artículos 8° al 16° de la Ley Federal del Trabajo.

El *trabajador* es la persona física que presta a otra, física o moral, un trabajo personal subordinado, entendiéndose por trabajo toda actividad humana, intelectual o material, independientemente del grado de preparación técnica requerido por cada profesión u oficio. El concepto de trabajador abarca a los trabajadores de confianza, que realizan funciones de dirección, inspección, vigilancia y fiscalización, cuando tengan carácter general, o que realizan trabajos personales del patrón dentro de la empresa o establecimiento.

Respecto al concepto de trabajador cabe resaltar el que ofrece la Corte Interamericana de Derechos Humanos en el párrafo 133 de su Opinión consultiva 18/03:

> [...] Toda persona que vaya a realizar, realice o haya realizado una actividad remunerada, adquiere inmediatamente la condición de trabajador y, consecuentemente, los derechos inherentes a dicha condición. El derecho del trabajo, sea regulado a nivel nacional o internacional, es un ordenamiento tutelar de los trabajadores, es decir, regula los derechos y obligaciones del empleado y del empleador, independientemente de cualquier otra consideración de carácter económico o social [...]

Este concepto tiene relevancia porque solo considera como elemento para definir a un trabajador el hecho de realizar una actividad por la que se reciba una remuneración. Tal consideración, desde el punto de vista de los derechos humanos, aporta una protección más amplia a la persona, ya que el concepto permite abarcar a un mayor número de personas al amparo de las normas laborales, que bajo el alcance de otro concepto no sería posible.

El *patrón* o empleador es la persona física o moral que utiliza los servicios de uno o varios trabajadores. Para efectos de una relación laboral, los directores, administradores, gerentes y demás personas que ejerzan funciones de dirección o administración en la empresa o establecimiento, actúan como representantes del patrón, por lo que cualquier acción que realicen con los trabajadores es considerada como si el patrón la llevara a cabo.

Se considera *intermediario* a la persona que contrata o interviene en la contratación de uno o más trabajadores para que presten servicios a un patrón o empleador; es decir, no contrata para ella, sino para otra. Las personas que utilicen intermediarios para la contratación de trabajadores serán consideradas como patrones o empleadores de los trabajadores contratados.

La *subcontratación* surge cuando un patrón o empleador (contratista) realiza obras espacializadas o presta servicios espacializados con sus trabajadores a favor de otra persona (contratante), la cual fija las tareas que debe desarrollar el contratista y lo supervisa en la realización de los servicios o la ejecución de las obras contratadas. Para que un trabajo de este tipo se considere bajo la figura de la subcontratación, las actividades realizadas por el contratista no deben ser todas las actividades que lleva a cabo el contratante, que tales actividades subcontratadas se justifiquen por su carácter especializado, y que el contratante no desarrolle actividades iguales o similares. Además de estas características, la subcontratación debe estar expresada en un contrato y el contratista debe contar con los documentos y elementos propios suficientes para cumplir con las obligaciones que se deriven de las relaciones con sus trabajadores. El contratante en todo momento debe verificar que el contratista cumple con los derechos humanos laborales de sus trabajadores.

Una *empresa* es la unidad económica de producción o distribución de bienes o servicios en donde los trabajadores realizan un trabajo personal subordinado a un patrón, a cambio de un salario, sin importar el tamaño de dicha unidad económica. Hay empresas que cuentan con ***establecimientos***, esto es, una unidad técnica que, como sucursal, agencia u otra forma semejante, es parte integrante y contribuye a la realización de los fines de la empresa, por lo que quienes trabajen en esa unidad son considerados como trabajadores de la empresa.

Además de poner énfasis en las figuras jurídicas antes mencionadas, el derecho laboral mexicano considera de suma importancia el estudio, el respeto y la protección de aquellas vinculadas con las relaciones individuales de trabajo y las relaciones colectivas de trabajo. Las ***relaciones individuales*** atienden al trato que un trabajador en lo particular tiene con su patrón o empleador; mientras que las ***relaciones colectivas*** representan el trato que varios trabajadores, a través del sindicato al que pertenecen, mantienen con un patrón o empleador.

Seguramente el emprendedor, después de conocer los antecedentes del derecho laboral, tendrá mejores elementos para opinar con respecto a esta especialidad del derecho, incluyendo la idea de que la internacionalización del derecho laboral aporta mejores elementos y herramientas para defender a la clase trabajadora y solucionar las controversias entre empleadores y trabajadores.

5

DERECHO AL TRABAJO

El tema que revisará el emprendedor en este apartado busca ofrecerle la oportunidad de examinar el alcance y contenido del derecho de las personas al trabajo en los distintos instrumentos nacionales e internacionales que lo reconocen; así como entender la responsabilidad de las empresas, empleadores o patrones en la protección de dicho derecho.

Para introducirlo en la cuestión, se propone al emprendedor que imagine un escenario en el que el país atraviesa por una crisis económica y que, en consecuencia, los distintos niveles de gobierno reducen significativamente el presupuesto destinado a los mecanismos de supervisión y vigilancia para cerciorarse de que los empleadores respetan las leyes laborales, provocando con ello que se deje a la completa responsabilidad de los patrones las acciones relativas a declarar o registrar ante las autoridades laborales, fiscales y de seguridad social, a sus empleados.

En un escenario de este tipo, hay lugar para formularse las siguientes preguntas que obligan a que el emprendedor reflexione:

- ¿Proliferarán los trabajos informales?
- ¿Existirá realmente la libertad de aceptar o elegir un trabajo?
- ¿Se presentarán las circunstancias ideales para respetar plenamente la dignidad humana del trabajador?
- ¿Abundarán los trabajos dignos?
- ¿Disfrutarán los trabajadores de todos sus derechos laborales?

El derecho al trabajo es un derecho fundamental y es esencial para la realización de los derechos humanos laborales, además de constituir una parte inseparable e inherente de la dignidad humana. Se traduce en que toda persona tiene derecho a trabajar para vivir con dignidad. Este derecho permite la supervivencia de la persona y de su familia, así como su realización y reconocimiento dentro de la sociedad de la que es integrante.

Este derecho se caracteriza por ser un derecho individual que corresponde a cada persona, pero también es un derecho de grupo. Abarca el trabajo independiente y el subordinado cuando se recibe un salario por él. Implica que toda persona tiene derecho a decidir libremente aceptar o elegir un trabajo, por lo que nadie debe obligar a una persona a ejercer o efectuar un trabajo.

Como consecuencia del derecho al trabajo, quien ofrece un trabajo adquiere el compromiso de que este sea *digno*, es decir, de acuerdo con el artículo 2° de la Ley Federal del Trabajo, que el trabajo:

- Respete plenamente la dignidad humana del trabajador.
- No discrimine.
- Proporcione acceso a la seguridad social.
- Provea un salario remunerador.
- Ofrezca capacitación continua para el incremento de la productividad, beneficiando al trabajador y al empleador.
- Cuente con condiciones óptimas de seguridad e higiene para prevenir riesgos de trabajo.
- Considere la integridad física y mental del trabajador en el ejercicio de su empleo.
- Respete ampliamente los derechos colectivos de los trabajadores, tales como la libertad de asociación, autonomía, el derecho de huelga y de contratación colectiva.

- Elimine la discriminación contra las mujeres que reduce o suprime el reconocimiento, goce o ejercicio de sus derechos humanos y las libertades fundamentales en el ámbito laboral.
- Proporcione a las mujeres el acceso a las mismas oportunidades, considerando las diferencias biológicas, sociales y culturales.

El derecho al trabajo como derecho humano se encuentra reconocido y protegido por el artículo 23 de la Declaración Universal de los Derechos Humanos, por el artículo 6° del Pacto Internacional de Derechos Económicos, Sociales y Culturales, por el artículo 6° del Protocolo de San Salvador, por el Convenio 122 de la Organización Internacional del Trabajo (OIT), y por los artículos 5° y 123 de la Constitución Política de los Estados Unidos Mexicanos.

Contenido en el derecho internacional

El Estado mexicano, al haber firmado los distintos instrumentos internacionales que reconocen y protegen el derecho al trabajo, adquiere distintos compromisos con la comunidad internacional y con todas aquellas personas que viven dentro del país. Algunos de los compromisos mas relevantes se plasman en la Observación General No. 18 del Comité de Derechos Económicos, Sociales y Culturales. De este este instrumento internacional se deriva el compromiso del Estado mexicano de tomar las medidas necesarias para reducir en la medida de lo posible el número de trabajadores en la economía informal, ya que los trabajadores en esta situación carecen de la protección que representa un *trabajo digno*. Otro compromiso que se origina para

México es el de fortalecer sus mecanismos de supervisión y vigilancia para cerciorarse de que los empleadores respetan las leyes laborales, declarando ante las autoridades laborales, fiscales y de seguridad social, a sus empleados, ya que esto les permite disfrutar de todos sus derechos laborales. Al cumplir ambos compromisos, se mostraría la sensibilidad que el gobierno tiene sobre el impacto del fenómeno de la informalidad y acerca de que las personas que optan por este tipo de labores lo hacen en la mayoría de los casos por su necesidad de sobrevivir, y no como una opción personal.

Para que el derecho al trabajo pueda desarrollarse de manera adecuada, es necesario que existan los elementos de disponibilidad, accesibilidad, así como aceptabilidad y calidad. La *disponibilidad* consiste en que el gobierno debe contar con servicios especializados cuyo propósito sea ayudar y apoyar a las personas para que puedan localizar un empleo disponible y acceder a él, como es el caso de Servicio Nacional de Empleo con el que se cuenta en México. La *accesibilidad* significa que toda persona debe poder alcanzar el mercado de trabajo, lo que supone que no debe existir discriminación para tener acceso y poder conservar el empleo, que los espacios físicos en donde se ofrece trabajo cuenten con las adecuaciones necesarias para que las personas con discapacidad puedan entrar y transitar por ellos, y que las personas tengan la posibilidad de consultar e incorporarse a redes de información sobre el mercado de trabajo en cualquier lugar (ferias de empleo, bolsas de trabajo, observatorio laboral, etc.). La *aceptabilidad y calidad* representan que la labor que desarrolle el trabajador debe ser en condiciones justas y favorables, en virtud de que las condiciones laborales son seguras, que se respeta la posibilidad de formar sindicatos, y que la persona puede elegir y aceptar libremente un empleo.

El derecho al trabajo enfrenta varios retos, especialmente los relacionados con las mujeres, los jóvenes, los niños, las personas mayores, las personas con discapacidad, y los migrantes. Con respecto a las *mujeres*, el desafío consiste en lograr que se garantice que tengan igualdad de oportunidades y de trato que los hombres, en especial cuando se trata de percibir el mismo salario por un trabajo de igual valor; de igual forma, que cuando estén embarazadas no tengan obstáculos para obtener empleo o se les despida por ello; y también que tengan las mismas posibilidades de ascenso. En relación con los *jóvenes*, el obstáculo a vencer es conseguir que se asegure la posibilidad de educarse y formarse profesionalmente, así como apoyar y promover su acceso a oportunidades para su primer empleo. Sobre los *niños*, el objetivo es alcanzar que sean protegidos frente a todas las formas de trabajo que perjudiquen su desarrollo o su salud, resguardarlos de la explotación económica para que aspiren a su pleno desarrollo, y apoyarlos para que adquieran formación técnica y profesional. Lograr que no haya discriminación hacia las *personas mayores* fundada en su edad, que les obstaculice o les impida conseguir un empleo, es una meta del derecho al trabajo. En lo que atañe a las *personas discapacitadas*, el reto es conseguir que se les permita obtener y conservar un empleo adecuado y progresar profesionalmente en su esfera laboral, que les posibilite insertarse o reinsertarse en la sociedad. Y un último desafío es alcanzar que desaparezca toda discriminación en relación con las oportunidades de los *trabajadores migratorios* y sus familias.

Pero además de los retos que presenta el derecho al trabajo, este, al igual que todos los derechos humanos, impone a México tres tipos de obligaciones: respetar, proteger y aplicar. El *respetar* significa que el gobierno, en todos su niveles o modalidades, no debe interferir directa o indirectamente en el disfrute de este derecho. Al hablar de *proteger*, el gobierno debe tomar acciones y medidas para que nadie interfiera en el derecho de una persona al trabajo. La obligación de *aplicar* se relaciona con la responsabilidad del gobierno para proporcionar, facilitar y promover el derecho al trabajo. De manera general, estos tres tipos de obligaciones conllevan que el gobierno realice acciones adecuadas de tipo legislativo, administrativo, presupuestal, judicial y de cualquier otro tipo, para proteger la plena realización del derecho al trabajo.

El cumplimiento de las obligaciones señaladas debe ser evidente para todos aquellos que integramos la sociedad mexicana. En este sentido, la SCJN (2016) ha señalado que un gobierno *respeta* el derecho al trabajo si prohíbe el trabajo forzoso u obligatorio; si no limita el acceso igualitario a un *trabajo digno* a todas las personas, en especial a las personas y grupos desfavorecidos y marginados; si combate la discriminación y promueve la igualdad de acceso y de oportunidades para que las mujeres y jóvenes accedan a un trabajo digno; si prohíbe el trabajo de los niños menores de 16 años; y si prohíbe toda forma de explotación económica y de trabajo forzoso de niños. El gobierno *protege* el derecho al trabajo al proponer y aprobar leyes que garanticen el igual acceso al trabajo y a la capacitación; al supervisar que las privatizaciones de las empresas del gobierno no provoquen la disminución de los derechos de los trabajadores; al asegurarse que con el aumento de la fexibilidad de los mercados laborales no se reduzca la estabilidad en el empleo o se merme la protección social del trabajador; y al prohibir a las empresas o empleadores que utilicen el trabajo forzoso u obligatorio. El gobierno *aplica* el derecho al trabajo cuando proporciona apoyo en la defensa de este derecho cuando las personas o grupos no pueden hacerlo por ellos mismos, debido a que no cuentan con los medios para hacerlo; cuando incorpora en los sistemas jurídicos la obligación de reconocer el derecho al trabajo; cuando adopta una política sobre este derecho y un plan detallado para su aplicación; cuando formula y aplica una política de empleo que estimule el crecimiento y el desarrollo económico del país, eleve el nivel de vida, satisfaga las necesidades de mano de obra, y resuelva el problema del desempleo y el subempleo; cuando aumenta los recursos asignados para reducir de manera efectiva los índices de desempleo, particularmente el de mujeres, personas desfavorecidas y marginados; cuando crea servicios de empleo; cuando realmente realiza una lucha contra el desempleo; cuando facilita a las personas el disfrute de su derecho al trabajo; cuando implementa planes de enseñanza técnica y profesional para facilitar el acceso al empleo; y cuando emprende programas educativos e informativos para crear conciencia, en especial entre los empleadores y trabajadores, sobre el derecho al trabajo.

Como consecuencia de la aceptación del Estado mexicano a firmar la Convención Americana sobre Derechos Humanos, se reconoce que la Corte Interamericana de Derechos Humanos es la intérprete autorizada de dicha Convención, lo que significa que, a través de sus sentencias u opiniones consultivas, dicho tribunal determina los alcances y significados de los derechos humanos que en ella se reconocen. Precisamente en la Opinión Consultiva 18, cuyo contenido versa sobre los derechos humanos laborales, se establece que estos no solo deben ser protegidos por las autoridades, sino también por los particulares, entre ellos las empresas y empleadores.

Producto de lo anterior, las acciones de un gobierno o de una persona física o moral que estén en contra de lo señalado en los tratados internacionales mencionados configuran entonces un impacto negativo (violación) hacia el derecho humano al trabajo, lo que genera consecuencias legales. Por esto, toda persona que considere que su derecho humano al trabajo o cualquier otro derecho humano laboral se está violando, o lo ha sido, podrá acudir ante las autoridades laborales o los tribunales laborales para solicitar apoyo, con el fin de que tal acción cese, se investigue y se sancione, y para que se repare el daño causado y se asegure de que no volverá a cometerse tal violación.

Contenido en el derecho mexicano

De acuerdo con Sánchez Castañeda (2013), el derecho al trabajo se puede entender a partir de sus tres dimensiones: la general, la individual y la colectiva. Su dimensión general lo considera, como ya se ha mencionado, como un *derecho humano*. En su dimensión individual, se considera como la *libertad de toda persona al trabajo* y *condiciones de trabajo equitativas* para su desarrollo. En lo que respecta a su dimensión colectiva, se entiende como el derecho a la *libre sindicalización* y *a la negociación colectiva.*

En la Constitución Política de los Estados Unidos Mexicanos, el derecho al trabajo se entiende como un derecho que atiende a la dignidad del ser humano, que se encuentra reconocido y protegido en su ámbito individual en los artículos 5º y 123 y en su ámbito social en el artículo 123.

Artículo 5º de la Constitución Política de los Estados Unidos Mexicanos. Este artículo impone al gobierno una serie de obligaciones relacionadas con garantizar el derecho al trabajo en su dimensión individual, es decir, ofrecer seguridad y certeza a las personas en el ejercicio de su libertad de trabajo; pero también establece limitaciones a la libertad de las personas al momento de celebrar contratos relacionados con la prestación de un trabajo.

El primer párrafo del artículo 5º constitucional reconoce y garantiza la libertad de trabajo, siempre y cuando la profesión, actividad económica o trabajo sean lícitos. Sin embargo, esta libertad puede limitarse, reservarse o prohibirse por la decisión de un juez o tribunal competente, cuando el trabajo realizado por una persona ataque los derechos de otras personas. Lo mismo podrá suceder cuando la resolución de una autoridad administrativa, con apoyo en la ley, considere que el trabajo ofende a los derechos de la sociedad. También se puede privar a una persona del producto de su trabajo (salario) cuando la decisión de un juez o tribunal competente así lo determinen. La libertad de trabajo entonces no es absoluta, irrestricta e ilimitada «ya que requiere de la existencia de normas reglamentarias que determinen las condiciones en que se puede ejercer y armonizar en beneficio de la colectividad». (SCJN, 1999, p. 260).

El segundo párrafo del artículo 5º de la constitución señala que en cada estado de la República se promulgarán leyes que determinen cuáles profesiones necesitan un título profesional para poderse ejercer, qué requisitos debe cumplir la persona para poder obtener un título profesional, así como qué autoridades están autorizadas para expedir títulos profesionales. La libertad de trabajo se refiere, de acuerdo con este párrafo, a la facultad de elegir o decidir la profesión que la persona decida, pero debe respetarse la reglamentación existente, según la profesión de que se trate. Si la profesión escogida está reglamentada, según la Suprema Corte de Justicia de la Nación (1979), debe sujetarse a las normas que la regulan para ejercerla, esto es, la persona debe obtener de la autoridad correspondiente el título relativo para ejercer la profesión, que en uso de su derecho al trabajo, le reconoce la constitución.

El párrafo tercero del artículo 5° constitucional establece que ninguna persona puede ser obligada a prestar trabajos personales sin que se le pague por su trabajo y sin que haya aceptado realizar ese trabajo. Sin embargo, si el trabajo que desarrolla la persona se debe a que se le impuso una pena o sanción por parte de un juez o tribunal competente, no necesariamente percibirá un salario, pero sí se requiere que ese trabajo impuesto no rebase la duración de la jornada diaria de ocho horas y sea en instalaciones salubres y seguras.

Continuando con lo relativo a la libertad de trabajo, el párrafo cuarto del artículo 5° de la constitución indica que el trabajo que se realiza como servicio público, solo puede ser obligatorio si así lo establecen las leyes. Algunos de estos trabajos tienen relación con el servicio militar o con ocupar cargos de jurado, concejal o de elección popular. Si cualquiera de estos trabajos se realiza de manera profesional, aunque sean obligatorios, quienes lo desarrollan tienen el derecho a recibir un pago por él. También el párrafo menciona que las funciones electorales y censales son obligatorias y gratuitas, pero al igual que los otros trabajos indicados, si se realizan profesionalmente, deben retribuirse. En caso de que se trate de servicios profesionales de índole social, las leyes establecerán su obligatoriedad y la retribución que se debe recibir por ellos.

Los párrafos quinto, sexto, séptimo y octavo del artículo 5° constitucional se refieren al contrato de trabajo, esto es, al documento en el que se hace constar que una persona se obliga a prestar a otra un trabajo personal subordinado, mediante el pago de un salario (LFT, 2021). Estos cuatro párrafos establecen precisiones sobre las limitaciones que tienen empleadores y trabajadores al momento de celebrar un contrato de trabajo. La primera limitación es que en los contratos de trabajo no se puede pactar ningún tipo situación que implique que el trabajador sacrifique su libertad como persona, y, en este sentido, se impone la obligación del gobierno de no permitir la existencia de contratos con esta característica. Una segunda limitación es en el sentido de que en los contratos de trabajo, o en los convenios que deriven de ellos, no se puede pactar ningún compromiso relacionado con que un trabajador acepte como sanción o como consecuencia legal abandonar el país o renunciar a ejercer determinada profesión o actividad económica. Como tercera limitación está que una persona no puede comprometerse en un contrato de trabajo a prestar un servicio por un tiempo mayor al que fije tanto la constitución como la Ley Federal del Trabajo, o a un tiempo mayor al que fija el propio contrato. La cuarta limitación es que no pueden celebrarse contratos de trabajo en donde se pacte la renuncia, pérdida o disminución de cualquier derecho humano. Por último, está la limitación en cuanto a las acciones que un empleador o patrón pueden emprender en caso de que un trabajador no cumpla con lo establecido en el contrato de trabajo, de tal suerte que, si surge el incumplimiento, solo podrán ejercerse acciones civiles, principalmente relacionadas con daños y perjuicios, pero nunca de carácter penal o violentas.

Como se ha mencionado, cuando el gobierno, una empresa o una persona no cumplen con alguna de las disposiciones señaladas en el artículo 5° constitucional, estará violando el derecho humano al trabajo, por lo que quien considere que es afectado en tal derecho puede solicitar la intervención de las autoridades o los tribunales laborales para se detenga esa acción violatoria, se repare el daño causado, se aseguren que no volverá a violarse ese derecho y se sancione al responsable.

Artículo 123 de la Constitución Política de los Estados Unidos Mexicanos. Esta norma constitucional es considerada como la base del reconocimiento y la protección del derecho humano al trabajo y de los derechos humanos laborales que de él se derivan. Reconoce que cada persona tiene derecho al trabajo digno y socialmente útil y que, para ello, tanto el gobierno como las personas deben promover la creación de empleos y la organización del trabajo, todo dentro del marco de la ley. También le asigna al Congreso de la Unión (poder legislativo federal) la tarea de expedir leyes sobre el trabajo que conduzcan las condiciones y características de todo contrato de trabajo celebrado entre empleadores y trabajadores (Apartado A), y entre el gobierno y sus trabajadores (Apartado B).

El contenido de este artículo establece los derechos humanos laborales, los cuales son perfeccionados en la Ley Federal del Trabajo y en la Ley Federal de los Trabajadores al Servicio del Estado. Por las características de este documento, solo se hará referencia a los relacionados con la Ley Federal del Trabajo, norma que reglamenta el Apartado A del artículo 123 constitucional.

Derivado de lo que señala el Apartado A, de acuerdo con la CNDH (2016), los derechos humanos laborales que se reconocen son los siguientes:

- **Derecho a establecer las condiciones de trabajo por escrito.** El efecto de este derecho es producir certeza jurídica al empleador y al trabajador debido a que las condiciones bajo las cuales se va a prestar el servicio se expresan en un contrato individual de trabajo.
- **Derecho a la estabilidad en el empleo.** Le da oportunidad al trabajador de gozar de su permanencia en el trabajo, lo que le provee seguridad personal y laboral para continuar trabajando con dignidad y tranquilidad, en el entendido de que solo puede ser despedido de su empleo por alguna causa que establezca la Ley Federal del Trabajo (fracción XXII).
- **Derecho a una jornada laboral máxima.** Establece un límite a los empleadores para fijar la jornada laboral diaria de un trabajador, protegiendo su salud al evitar jornadas excesivas que reflejen un trato inhumano (fracciones I y II).
- **Derecho al descanso.** Este derecho permite que un trabajador goce de un tiempo a la semana para estar con su familia; de un momento para conmemoraciones cívicas o tradicionales de los trabajadores; y de un período de vacaciones para conservar su integridad física y mental (fracción IV).
- **Derecho de las mujeres embarazadas a gozar de un período de descanso.** El propósito de este derecho es proteger a la madre y a su futuro hijo o hija (fracción V).
- **Derecho a gozar de un salario mínimo.** Este derecho tiene la intención de garantizar al trabajador el acceso al mínimo vital (fracciones VI y VIII).
- **Derecho a percibir un salario igual por un trabajo igual.** Para respetar el derecho humano a la igualdad, el trabajador no debe sufrir de ningún tipo de discriminación en el pago de su salario (fracción VII).

- **Derecho a percibir reparto de las utilidades.** Ofrece la oportunidad de gozar de una parte de lo que ganó el empleador por los bienes o servicios que se producen en el centro de trabajo (fracción IX).
- **Derecho a recibir su salario en efectivo.** El trabajador está protegido por este derecho para no recibir como salario mercancías, vales, fichas, o cualquier otra cosa que pretenda substituir al dinero (fracción X).
- **Derecho al pago por jornada extraordinaria.** Proporciona el derecho a recibir un pago diferente cuando el trabajador labora después de su jornada diaria (fracción XI).
- **Derecho a la obtención de créditos para la obtención de bienes muebles o inmuebles.** Los trabajadores tienen el derecho de que sus empleadores o patrones los inscriban en el Instituto para el Fondo Nacional de la Vivienda (INFONAVIT) y así tener la posibilidad de obtener un crédito para adquirir una vivienda. También tienen el derecho a que su centro de trabajo sea afiliado al Instituto del Fondo Nacional para el Consumo de los Trabajadores (INFONACOT) para tener acceso a créditos del mercado y otros servicios financieros para la obtención de bienes y servicios a precios competitivos (fracción XII).
- **Derecho a recibir capacitación y adiestramiento.** Este derecho permite que el trabajador tenga acceso, si fuera el caso, a los programas de ascenso y mejora en el empleo, lo que le permite obtener un mejor rendimiento y remuneración (fracción XIII).
- **Derecho a la seguridad social.** Este derecho le permite al trabajador gozar de seguros de invalidez, de vejez, de vida, de cesación involuntaria del trabajo, de enfermedades, de acci-

dentes y de servicios de guardería. Todos estos seguros están encaminados a su protección y bienestar, así como los de su familia (fracciones XIV y XXIX).

- **Derecho a que los establecimientos de trabajo sean higiénicos y seguros.** Su propósito es prevenir accidentes de cualquier tipo, especialmente en el uso de las máquinas, instrumentos y materiales de trabajo. También busca que el trabajo esté organizado de tal forma que se garantice la salud y la vida de los trabajadores (fracción XV).
- **Derecho a coaligarse en defensa de sus intereses.** Hace posible que los trabajadores formen sindicatos, coaliciones, mutualidades o asociaciones profesionales (fracción XVI).
- **Derecho a la huelga.** La posibilidad de interrumpir de manera grupal las actividades en el lugar de trabajo es legal, siempre y cuando el ejercicio de este derecho tenga como propósito conseguir el equilibrio entre los derechos de los trabajadores y del empleador (fracciones XVII, XVIII y XIX).
- **Derecho a resolver sus controversias con los patrones.** Este derecho le permite al trabajador acudir a tribunales laborales para resolver las diferencias o conflictos que tenga con el patrón o empleador (fracciones XX y XXI).
- **Derecho de libertad sindical y negociación colectiva.** Cada trabajador tiene el derecho de decidir si se afilia o no a un sindicato; a escoger a qué sindicato pertenecer; a participar libremente en la organización del sindicato del que es miembro; así como a solicitar a través de un sindicato la celebración de un contrato colectivo en su centro de trabajo (fracciones XXII y XII bis).
- **Derecho de preferencia en créditos.** En caso de que el centro de trabajo del empleado se vea inmerso en un proceso de

concurso mercantil o quiebra, los créditos a favor de los trabajadores por salario o sueldos devengados en el último año, y por indemnizaciones, tendrán preferencia sobre cualquier otro crédito (fracción XXIII).

- **Derecho a un límite en la exigencia de adeudos.** Si un trabajador contrae deudas con su empleador, solo aquel será responsable del pago de estas, por lo que dichas deudas no podrán ser cobradas a sus familiares, ni se podrá exigir que el abono mensual al pago a las mencionadas deudas sea mayor al sueldo del trabajador (fracción XXIV).
- **Derecho a ingresar al servicio de colocación.** Los trabajadores gozarán de participar de manera gratuita como candidatos en los servicios de colocación para el empleo, las veces que lo soliciten (fracción XXV).
- **Derecho a constituir un patrimonio familiar.** Los bienes que constituyen el patrimonio de la familia, así determinado por las leyes, no se pueden vender o ceder y no podrán sujetarse a embargos (fracción XXVIII).
- **Derecho a constituir sociedades cooperativas.** Estas sociedades se constituyen con la intención de construir casas baratas e higiénicas, destinadas a ser adquiridas en propiedad por los trabajadores (fracción XXX).
- **Derecho a recibir constancia de días trabajados y salarios recibidos.** Con la intención de fomentar la seguridad jurídica del trabajador y acreditar su historial laboral, debe recibir de manera periódica una constancia por escrito del número de días trabajados y el salario percibido.
- **Derecho a ser informado de los reglamentos de seguridad e higiene.** Para evitar accidentes en el centro de trabajo que perjudiquen la salud del trabajador o su seguridad per-

sonal, este debe tener a su disposición, en lugares visibles, información sobre la reglamentación concerniente a seguridad e higiene.

- **Derecho a recibir un aguinaldo.** Como una gratificación anual por su esfuerzo, el trabajador debe recibir un aguinaldo equivalente a quince días de su salario.
- **Derecho al pago de una prima de antigüedad.** Cuando un trabajador es separado sin causa legal de su trabajo, o en caso de que renuncie y tenga más de quince años al servicio de un empleador, tiene derecho a recibir doce días de salario por cada año laborado.

Todos estos derechos laborales enunciados, como se mencionó antes, se encuentran delineados y reglamentados con mayor especificidad en la Ley Federal del Trabajo, tal y como lo ordena el artículo 123 constitucional. Los detalles de cada uno de los derechos laborales y la forma de exigir su cumplimiento es la materia de los siguientes apartados de este documento.

Cuando alguno de estos derechos humanos laborales se viola, también se está violando el derecho humano al trabajo, por lo que las autoridades, ante la denuncia de una persona sobre está violación, deberán actuar para, como se ha mencionado en párrafos anteriores, detener esa acción violatoria, investigar sobre tal acción, sancionar al responsable de la acción y lograr que este repare el daño causado, pero, sobre todo, evitar que se repita tal acción violatoria de un derecho humano.

La lectura de este apartado con seguridad generará que el emprendedor reconozca la responsabilidad de las empresas, empleadores o patrones en la protección del derecho al trabajo.

6

DERECHO A LA ESTABILIDAD EN EL EMPLEO

El que el emprendedor pueda distinguir los elementos que dan certeza al trabajador de permanecer en su trabajo es el propósito de este apartado, pero sobre todo, que tenga la posibilidad de valorar la trascendencia de la estabilidad en el empleo en la productividad del trabajador y de la empresa.

Para ello, es útil que inicie suponiendo la situación de Emilio, un profesor que se incorpora a trabajar impartiendo clases en una escuela, pero que no ha firmado ningún contrato, por lo que asume que estará trabajando ahí solo dando clases hasta que él lo decida o haga algo inconveniente para la institución. Durante el tiempo que ha estado trabajando, imparte distintas clases, las cuales cambian cada semestre, así como la cantidad de grupos a los que les da clases. Un lunes, Emilio llega a iniciar sus clases, pero en las oficinas administrativas le comunican que se le ha despedido. Frente a este supuesto, cabe que el emprendedor se pregunte:

- ¿Se puede considerar que el trabajo planteado es estable?
- ¿La existencia de un contrato hace estable un trabajo?
- ¿La estabilidad en un trabajo aporta beneficios al trabajador y al patrón?

- ¿Debe la escuela informarle al trabajador por qué lo despide?
- ¿Es cualquier razón suficiente para un despido?

El derecho humano a la estabilidad en el empleo es un derecho humano laboral que se encuentra reconocido en la fracción XXII del apartado A del artículo 123 de la constitución mexicana, en la que se establece que los trabajadores no podrán ser despedidos sino por causa justificada, y que en caso de despido injustificado tendrán derecho a optar a que se les reincorpore en el trabajo (reinstalación) o a que se les otorgue una compensación económica (indemnización). De acuerdo con esta disposición constitucional, el derecho a permanecer en el trabajo comprende el derecho del trabajador a no ser privado arbitrariamente de su empleo, con lo que adquiere la estabilidad, esto es, el derecho a permanecer en el empleo a menos que dé causa justificada para que lo separen.

La estabilidad en el trabajo es la base que genera el carácter permanente de la relación laboral, la cual solamente termina porque así lo decida el trabajador o, excepcionalmente, cuando el patrón considere que el trabajador ha dado razones para ello. La estabilidad es fundamental para que la relación de trabajo se desarrolle en *condiciones dignas y justas*, ya que se concilian los derechos del trabajador y el patrón, pues, por un lado, impone al trabajador el compromiso a cumplir con sus obligaciones *contractuales y legales*, puesto que sería injusto para el patrón continuar trabajando con una persona que es irresponsable con sus deberes, y, por el otro, establece límites a la capacidad del patrón de despedir a sus trabajadores, ya que únicamente lo podrá hacer cuando exista una causa justificada para ello.

En atención a lo anterior,

> la estabilidad en el empleo ha de entenderse como la certidumbre que debe tener el empleado en el sentido de permanecer en el trabajo mientras cumpla con las obligaciones que le asisten y que solo podrá ser despedido cuando se actualice alguna causa legal que lo justifique (SCJN, 2014, párr. 8).

La estabilidad en el empleo comprende también el derecho que tiene el trabajador a ser reinstalado o indemnizado cuando es despedido injustificadamente, lo cual tiene la intención de *reparar el daño* causado por haber sido separado de su trabajo de esa forma. Desde este punto de vista, la estabilidad en el empleo no siempre significa una garantía absoluta de que el trabajador no será separado de su trabajo, pues no en todos los casos queda a la elección del trabajador que sea reinstalado o indemnizado, ya que hay situaciones específicas en que solo podrá ser indemnizado, lo que se traduce en una estabilidad relativa o limitada.

La reinstalación o la indemnización han sido establecidas por la constitución y por la Ley Federal del Trabajo como formas de garantizar el derecho a la estabilidad laboral, ya que cuando el patrón decide terminar la relación de trabajo, despidiendo al trabajador sin que se justifique por alguna de las causas que señala la propia Ley Federal del Trabajo, al trabajador se le otorga la opción de solicitar continuar con su trabajo o terminar la relación a cambio de una indemnización. De igual forma, la Corte Interamericana de Derechos Humanos, en el Caso Lagos del Campo vs Perú, el 31 de agosto de 2017, ha interpretado que la reinstalación o la indemnización forman parte del derecho a la estabilidad en el empleo.

Sobre la estabilidad en el empleo hay que distinguir entre la estabilidad absoluta y la estabilidad relativa. La ***estabilidad absoluta*** es el derecho del trabajador a permanecer en su empleo siempre que no realice ninguna de las conductas que establece el artículo 47 de la Ley Federal del Trabajo (se analizan en párrafos posteriores). Este derecho genera un deber al patrón de reinstalarlo cuando no se demuestre que se realizó alguna de las conductas prohibidas, siempre y cuando el propio trabajador exija la reinstalación en lugar del pago de la indemnización. En consecuencia, la estabilidad absoluta genera dos derechos para el trabajador, el derecho a que se cumpla la relación de trabajo, cuando solicita la reinstalación, y el derecho a la terminación de la relación mediante el pago de una indemnización. Por su parte, la ***estabilidad relativa*** consiste en el derecho del trabajador a permanecer en su empleo si no ha incurrido en alguna de las causas que establece el artículo 47 mencionado, pero existe la posibilidad de que el patrón se oponga a reinstalar al trabajador cuando se trate de trabajadores que señala el artículo 49 de la Ley Federal del Trabajo (se estudian más adelante), es decir, se trata de un derecho a la estabilidad restringido o limitado, ya que no se posibilita la reinstalación, aunque sí la indemnización como forma de resarcir el daño y perjuicio ocasionados por la decisión del patrón de despedir al trabajador por causa injustificada.

Como puede observarse, y así lo señala De la Cueva (2018), la distinción entre ambos tipos de estabilidad está en el grado de libertad que se concede al patrón para disolver la relación laboral.

De todo lo anterior se puede señalar que la estabilidad en el trabajo tiene las características siguientes:

a) Por regla general, la duración de la relación de trabajo es indefinida.

b) Excepcionalmente, podrá pactarse que se establece la relación por obra o tiempo determinados, y excepcionalmente para la inversión de capital determinado, cuando se trate de la explotación de minas (artículo 38).

c) La subsistencia de las causas que dieron origen a una relación determinada prolonga la relación por el término necesario hasta que se cumplan los fines propuestos, independientemente de la fecha originalmente prevista para la terminación.

d) Por regla general, los trabajadores no podrán ser separados de su empleo sin causa justificada. De lo contrario, podrán exigir la indemnización correspondiente o la reinstalación.

e) Los patronos no podrán negarse a reinstalar a un trabajador, salvo que se trate de uno de los casos de excepción al principio de la estabilidad que marca la ley. (De Buen, 2019, p. 598).

Contrato individual de trabajo

La relación de trabajo es un nexo legal entre patrones y trabajadores. Existe cuando una persona proporciona su trabajo o presta servicios bajo ciertas condiciones, a cambio de una remuneración. A través de la relación de trabajo, como quiera que se la defina, se establecen derechos y obligaciones entre el trabajador y el patrón. La relación de trabajo ha sido y continúa siendo el principal medio de acceso de los trabajadores a los derechos y beneficios asociados con el empleo, en las áreas del trabajo y la seguridad social. La existencia de una relación laboral es la condición necesaria para la aplicación de las leyes de trabajo y seguridad social destinadas a los trabajadores. Es, además, de acuerdo con la OIT (2006), el punto de referencia clave para determinar la naturaleza y el alcance de los derechos y obligaciones de los patrones respecto de sus trabajadores.

Una relación de trabajo, preferentemente, debe plasmarse en un contrato, ya que esto posibilita el primer paso en la estabilidad del empleo. El que un trabajador tenga en sus manos un contrato le permite tener certeza sobre sus derechos y obligaciones, lo que debe hacer para cumplir con su trabajo y conservarlo, así como lo que no debe hacer. El contrato se convierte en el elemento tangible que le informa lo que se espera de él en la relación laboral y entonces no lo despidan de manera justificada. Sin embargo, no siempre las relaciones de trabajo se expresan en un contrato, aunque esto no perjudica de manera general al trabajador, ya que el artículo 20 de la Ley Federal del Trabajo establece que «La prestación de un trabajo a que se refiere el párrafo primero y el contrato celebrado producen los mismos efectos». No obstante, sí le genera una desventaja al no saber con exactitud qué debe hacer y cómo lo debe hacer, así como los beneficios y derechos que tiene.

En el contrato de trabajo deben plasmarse las condiciones bajo las cuales un trabajador realiza sus labores. El artículo 24 de la Ley Federal del Trabajo dispone que, cuando se elabore un contrato, deben hacerse dos ejemplares al menos, uno de los cuales tendrá que entregarse al trabajador. La forma y el contenido del contrato puede variar para cada relación laboral; sin embargo, el artículo 25 de la Ley Federal del Trabajo indica que el contrato debe contener, al menos, lo siguiente:

- Los principales datos que permiten identificar al trabajador y al patrón o a quien lo represente, esto es: nombre, nacionalidad, edad, sexo, estado civil, Clave Única de Registro de Población (CURP), Registro Federal de Contribuyentes (RFC) y domicilio.

- La duración de la relación de trabajo. Esta duración puede ser para obra o tiempo determinado, por temporada, de capacitación inicial o por tiempo indeterminado y, en su caso, si está sujeta a un período de prueba. La determinación de la duración es fundamental para el derecho a la estabilidad en el empleo.
- La descripción del servicio o servicios que el trabajador deba prestar. En la medida en que se describa con mayor precisión el o los servicios, el trabajador será menos vulnerable con relación a su estabilidad en el trabajo.
- La dirección o el domicilio del lugar o los lugares donde el trabajador tiene que realizar su trabajo.
- El tiempo durante el cual el trabajador está a disposición del patrón para prestar su trabajo (jornada de trabajo).
- La manera en que se pagará el salario y el monto de este.
- El día y el lugar en que se pagará el salario.
- La forma en que el trabajador será capacitado o adiestrado en la empresa.
- La designación de los beneficiarios del trabajador en caso de muerte, para que reciban el pago de los salarios y prestaciones ganadas y no cobradas a partir de su fallecimiento.
- Todas aquellas condiciones de trabajo que la Ley Federal del Trabajo contempla (se analizan en el apartado siguiente), más las que convengan el trabajador y el patrón.

Es responsabilidad del patrón elaborar el contrato de trabajo, y el hecho de que no lo haga no priva al trabajador de los derechos que le otrogan las normas laborales de los trabajos que realice. Ahora bien, si el contrato se elaboró, pero no se describió el servicio o servicios que el trabajador debe prestar, entonces solo quedará obligado a desempeñar el trabajo que física y psicológicamente pueda realizar, que sea acorde con las aptitudes que posee, y que esté relacionado con el giro de la empresa en la que trabaja.

Los contratos en los que se plasmen las condiciones de trabajo, y las mismas relaciones de trabajo, generan una serie de consecuencias legales en forma de derechos y obligaciones. Algunos de esos derechos y obligaciones estarán expresamente pactados en el contrato, pero otros los establece la Constitución y la Ley Federal del Trabajo, como es el caso de la estabilidad en el empleo. Si estas consecuencias legales son incumplidas por el trabajador, solo se genera una responsabilidad de tipo civil, por lo que nunca podrá recibir una sanción de carácter físico.

Queda a la voluntad del patrón y del trabajador lo que se pacte en el contrato de trabajo; sin embargo, aunque lo hayan acordado, la Ley Federal del Trabajo, en su artículo 33, señala que quedará sin efecto todo aquello que tenga relación con la renuncia de los salarios, renuncia de las indemnizaciones y renuncia de todas aquellas prestaciones mínimas que la propia ley establece, lo que significa que patrón y trabajador podrán pactar en el contrato todo aquello que iguale o supere a las condiciones mínimas que establece la Constitución Política de los Estados Unidos Mexicanos, los tratados internacionales en materia del trabajo y la Ley Federal del Trabajo.

La duración de la relación de trabajo

Otro elemento importante en la estabilidad en el empleo es la duración de la relación de trabajo, esto es, el tiempo que dura una relación laboral. De acuerdo con el artículo 35 de la Ley Federal del Trabajo, los seis tipos de duración son las siguientes:

- **Para obra determinada.** Este tipo de relación tiene por objeto que el trabajador se obligue a realizar una obra en beneficio del patrón, quien a su vez se obliga a remunerar mediante un pago previamente fijado. La finalidad de esta relación es obtener una obra concluida y ejecutada. Su función es crear un vínculo laboral temporal permitiendo contratar a una persona para que realice un trabajo hasta la culminación exitosa del mismo. La relación laboral se encuentra limitada al momento en que se concluye el trabajo. Este tipo de relación brinda al trabajador y al patrón la oportunidad para establecer de forma precisa la relación laboral que existe. De acuerdo con el artículo 35 de la Ley Federal del Trabajo, el señalamiento de una relación para obra determinada puede únicamente estipularse cuando lo exija su naturaleza.
- **Por tiempo determinado.** Es aquella donde se establece previamente la duración de esta, por lo que al concluir el tiempo pactado se dará fin a dicha relación sin responsabilidad para el patrón. El artículo 37 de la Ley Federal del Trabajo establece que una relación de trabajo puede ser por tiempo determinado cuando la naturaleza del trabajo que se va a prestar exige que la relación de trabajo tenga una duración especifica; tenga por objeto substituir temporalmente a otro trabajador; y en los casos estipulados por las leyes aplicables donde se permita pactar con este tipo relaciones. Si, al concluir el plazo, sigue existiendo la causa que le dio nacimiento al vínculo laboral, la relación deberá prolongarse hasta que se alcance la meta u objetivo que tenía el trabajo a desarrollar.

Es responsabilidad del patrón demostrar que la naturaleza de la relación es por tiempo determinado.

- **Por temporada.** Se pacta por tiempo indeterminado para labores intermitentes o no continuas, cuando los servicios que debe prestar el trabajador sean para actividades fijas y periódicas que hayan de realizarse en determinados períodos o épocas del año, por lo que no se requieren llevar a cabo toda la semana, el mes, o el año. Es una relación que perdura en el tiempo, pero solo en determinados períodos, a causa de la naturaleza de la actividad que se presta.
- **Por tiempo indeterminado.** Es la relación de trabajo en la que el trabajador y el patrón pactan un vínculo laboral por tiempo indefinido, por lo tanto, la relación laboral no está sujeta a un plazo determinado. Es la relación de trabajo por excelencia, pues de no especificarse en un contrato que la relación es para obra o por tiempo determinado, por período de prueba, por temporada, o para capacitación inicial, siempre se entiende que la relación es por tiempo indeterminado, según lo establece el artículo 35 de la Ley Federal del Trabajo.
- **Por período de prueba.** Es la relación que se pacta por escrito entre trabajador y patrón hasta por treinta días, con el propósito de verificar que el trabajador cumple con los requisitos y conocimientos necesarios para desarrollar el trabajo que se solicita. De acuerdo con el artículo 39-A de la Ley Federal del Trabajo, este tipo de relación solo puede existir si la relación de trabajo a la que aspira el trabajador es por tiempo indeterminado o mayor de ciento ochenta días. El período de prueba puede extenderse hasta ciento ochenta días, solo cuando se trate de trabajadores para puestos de

dirección, gerenciales y demás personas que ejerzan funciones de dirección o administración en la empresa o establecimiento de carácter general o para desempeñar labores técnicas o profesionales especializadas. Es importante señalar que, durante el período de prueba, el trabajador disfrutará del salario, la garantía de la seguridad social y las prestaciones de la categoría o puesto que desempeñe. Al término del período de prueba, de no acreditar el trabajador que satisface los requisitos y conocimientos necesarios para desarrollar las labores, a juicio del patrón, se dará por terminada la relación de trabajo, sin responsabilidad para el patrón; pero si el trabajador sí los acredita, entonces la relación de trabajo pasa a ser por tiempo indeterminado, en donde el tiempo de prueba cuenta para su antigüedad. El artículo 39-D de la Ley Federal del Trabajo prescribe que el período de prueba es improrrogable y que, dentro de la misma empresa o establecimiento, el mismo trabajador no puede tener más de un período de prueba en ninguna circunstancia.

- **Para capacitación inicial.** Es aquella entre trabajador y patrón que se establece por escrito con el fin de que el trabajador adquiera los conocimientos o habilidades necesarios para la actividad para la que vaya a ser contratado. Conforme al artículo 39-B de la Ley Federal del Trabajo esta relación tiene una duración máxima de tres meses o, en su caso, hasta de seis meses solo cuando se trate de trabajadores para puestos de dirección, gerenciales y demás personas que ejerzan funciones de dirección o administración en la empresa o establecimiento de carácter general o para desempeñar labores que requieran conocimientos profesionales especializados. Al igual que en el caso de la relación por período de prueba, durante la capacitación inicial el trabajador disfrutará del salario, la garantía de la seguridad social y de las prestaciones de la categoría o puesto que desempeñe. Si el trabajador no acredita la competencia necesaria, a juicio del patrón, así como por la naturaleza de la categoría o puesto, se dará por terminada la relación de trabajo, sin responsabilidad para el patrón; pero si el trabajador sí la acredita, entonces su relación de trabajo se convierte en una por tiempo indeterminado, en donde el tiempo de capacitación se contabiliza en su antigüedad. El artículo 39-D de la Ley Federal del Trabajo señala que el período de capacitación inicial es improrrogable y que, dentro de la misma empresa o establecimiento, el mismo trabajador no puede tener más de un período de capacitación inicial en ninguna circunstancia.

La determinación de la duración de la relación de trabajo contribuye al derecho humano a la estabilidad en el empleo desde dos perspectivas: la primera de ellas tiene que ver con el aspecto anímico o psicológico del trabajador, ya que al tener certidumbre sobre el tiempo que permanecerá en el trabajo mientras cumpla con las obligaciones que le corresponden, le permite planear su vida y pensar lo que va a hacer una vez que la relación de trabajo termine; la segunda se vincula con lo legal, ya que le proporciona al trabajador certeza jurídica de sus derechos y obligaciones en correspondencia con la duración de la relación de trabajo a la que está sujeto, evitando abusos o arbitrariedades por parte del patrón, principalmente la simulación de una relación de trabajo cuya duración no es realmente la que debe ser, dada su naturaleza o propósito.

Suspensión de las relaciones de trabajo

Cuando nace una relación laboral, el trabajador se compromete a desempeñar sus actividades en la forma, lugar, horario y demás condiciones acordadas con el patrón, mientras que este se obliga a proporcionarle los elementos e instrumentos necesarios para el trabajo, pagar el salario y demás prestaciones, según corresponda, así como permitirle el ejercicio de sus derechos durante el tiempo laborado. Sin embargo, como lo menciona Martín (2018), aunque el trabajador se obliga a desempeñar sus funciones durante el tiempo que dure la relación laboral, se pueden presentar situaciones o hechos ajenos a su voluntad que le impidan continuar con la prestación normal de sus servicios por cierto tiempo, pero sin llegar a que la relación laboral termine.

Cuando esas situaciones o hechos se presentan, el patrón y el trabajador pueden suspender sus obligaciones respectivas sin ninguna responsabilidad para ambos; esto es, durante cierto tiempo el trabajador no estaría obligado a prestar sus servicios ni el patrón a pagar el salario, sin que haya consecuencias legales negativas para ninguno de ellos. El artículo 42 de la Ley Federal del Trabajo señala las situaciones en que procede la suspensión de las relaciones laborales. Tales situaciones son:

- **Cuando el trabajador presenta una enfermedad contagiosa que le genera una incapacidad para trabajar.** La suspensión inicia desde la fecha en que el patrón tenga conocimiento de la enfermedad contagiosa. La suspensión terminará cuando lo señale el documento de incapacidad expedido por el Instituto Mexicano del Seguro Social (IMSS) o antes si desaparece la incapacidad para el trabajo. El trabajador deberá regresar a su trabajo al día siguiente en que termine la enfermedad contagiosa.

- **Cuando el trabajador quede incapacitado temporalmente para trabajar como consecuencia de una accidente o enfermedad que no se origine en el trabajo.** La suspensión inicia desde la fecha en que se produzca la incapacidad para el trabajo. Esta suspensión terminará cuando lo señale el documento de incapacidad expedido por el IMSS o antes, si desaparece la incapacidad para el trabajo. El trabajador deberá regresar a su trabajo al día siguiente en que termine la incapacidad.
- **En el caso de que el trabajador sea sujeto a una prisión preventiva y posteriormente declarado inocente.** En esta situación, la suspensión inicia desde el momento en que el trabajador demuestre que está detenido porque se le atribuye haber cometido un delito y es puesto a disposición de la autoridad judicial. Dicha suspensión termina cuando hay una sentencia definitiva que lo declare inocente. El trabajador deberá regresar a su trabajo dentro de los 15 días siguientes a que es declarado inocente de manera definitiva. Adiciònalmente a todo esto, si el trabajador actuó en defensa de la persona o de los intereses del patrón, este tiene la obligación de pagar los salarios que haya dejado de percibir el trabajador.
- **El arresto del trabajador.** La suspensión inicia desde el momento en que el trabajador demuestre que está detenido porque se le atribuye haber cometido una infracción que tiene como sanción el arresto y es puesto a disposición de la autoridad administrativa. La suspensión termina cuando hay una resolución administrativa que ponga fin al arresto.

El trabajador deberá regresar a su trabajo al día siguiente en que termine el arresto.

- **Si el trabajador es nombrado para realizar un servicio público.** La suspensión inicia cuando el trabajador tenga que presentarse a prestar el servicio militar, a su cargo como jurado, concejal, algún puesto de elección popular, funcionario electoral o funcionario censal, o enlistarse en los cuerpos de reserva o Guardia Nacional. Esta suspensión puede extenderse hasta un máximo de seis años, dependiendo de la duración del nombramiento. El trabajador deberá regresar a su trabajo dentro de los 15 días siguientes a que termina su nombramiento.
- **La designación del trabajador como representante ante organismos públicos.** La suspensión inicia cuando el trabajador es designado como representante de los trabajadores ante los organismos estatales, Comisión Nacional de los Salarios Mínimos, Comisión Nacional para la Participación de los Trabajadores en las Utilidades de las Empresas y otros semejantes. Dicha suspensión puede extenderse hasta un máximo de seis años, dependiendo de la duración de la designación. El trabajador deberá regresar a su trabajo dentro de los 15 días siguientes a que termina su representación.
- **La falta de los documentos que exijan las leyes y reglamentos, necesarios para la prestación del servicio.** Esta suspensión procede cuando la falta de los documentos sea responsabilidad del trabajador. La suspensión inicia desde la fecha en que el patrón tenga conocimiento del hecho, hasta por un período de dos meses. El trabajador deberá regresar a su trabajo al día siguiente que entregue al patrón los documentos faltantes.

- **La conclusión de la temporada.** Esta causa de suspensión opera en el caso de los trabajadores contratados bajo esta modalidad. Esta suspensión se extiende desde la fecha de conclusión de la temporada, hasta el inicio de la siguiente.
- **La licencia para cuidados de hijos enfermos.** Esta suspensión procede para los casos de madres o padres trabajadores asegurados en el IMSS, cuyos hijos de hasta dieciséis años hayan sido diagnosticados por el IMSS con cáncer de cualquier tipo. La suspensión de la relación laboral se dará mientras la madre o padre gozan de una licencia otorgada por el IMSS por cuidados médicos de los hijos para ausentarse de sus labores en caso de que el niño, niña o adolescente diagnosticado requiera de descanso médico en los periodos críticos de tratamiento o de hospitalización durante el tratamiento médico, de acuerdo a la prescripción del médico tratante, incluyendo, en su caso, el tratamiento destinado al alivio del dolor y los cuidados paliativos por cáncer avanzado.

La posibilidad de que las causas antes enunciadas sirvan para declarar la suspensión de las relaciones laborales está en concordancia con el derecho a la estabilidad en el empleo, debido a que le ofrecen al trabajador certeza de reincorporarse a su empleo, una vez que haya cesado la causa que suspendió su obligación de trabajar; es decir, el trabajador no pierde su empleo, lo conserva, propósito fundamental del derecho humano a la estabilidad laboral.

Rescisión de las relaciones de trabajo

Para Montoya (2017), la rescisión de una relación de trabajo significa que dicha relación termina cuando el patrón o el trabajador así lo solicitan debido a que su contraparte ha incumplido con sus obligaciones. Este incumplimiento puede generarse por una acción o una omisión que es considerada grave, lo que hace imposible que la relación de trabajo continúe.

Para que la rescisión solicitada por el patrón no se considere como violatoria del derecho humano a la estabilidad laboral, debe originarse por la evidencia de que el trabajador incurrió en alguno de los supuestos que marca el artículo 47 de la Ley Federal del Trabajo. Cuando el patrón rescinde la relación laboral por alguno de estos supuestos, no le acarrea ninguna responsabilidad, por lo que podrá despedir al trabajador sin generar alguna consecuencia legal en su contra.

De acuerdo con el artículo 47 de la Ley Federal del Trabajo, las causas por las cuales se puede rescindir la relación laboral, sin responsabilidad para el patrón, son:

- **Engaño del trabajador o del sindicato que lo propone.** La fracción I del artículo en mención señala que esta causal se configura cuando el trabajador, para obtener su empleo, le presenta al patrón certificados falsos o referencias en los que se atribuya capacidad, aptitudes o facultades de las que carezca. Lo mismo sucede si quien los presenta es el sindicato que propone al trabajador para el empleo. Si el patrón identifica que el trabajador o el sindicato han incurrido en este engaño, tiene 30 días contados a partir de la fecha en que conoció el engaño para rescindir la relación laboral, de lo contrario, ya no podrá rescindirla sin responsabilidad.
- **Actos contra la dignidad de las personas.** El trabajador, durante sus labores o fuera de servicio, debe tener cuidado de no realizar ciertos actos que pueden afectar la dignidad de las personas. Las fracciones II, III y IV del citado artículo

consideran que, si el trabajador incurre en faltas de probidad u honradez, en actos de violencia, amagos, injurias o malos tratamientos en contra de las personas, el patrón puede rescindir la relación laboral, específicamente si esos actos:

- Se producen durante sus labores, en contra del patrón, sus familiares o del personal directivo o administrativo de la empresa o establecimiento, o en contra de clientes y proveedores del patrón, salvo que medie provocación o que obre en defensa propia.
- Se producen durante sus labores, en contra de alguno de sus compañeros, si como consecuencia de ellos se altera la disciplina del lugar en que se desempeña el trabajo.
- Se producen fuera de servicio, contra el patrón, sus familiares o personal directivo administrativo, si son de tal manera graves que hagan imposible el cumplimiento de la relación de trabajo.

- **Ocasionar perjuicios materiales.** El trabajador debe cuidar las instalaciones del lugar donde trabaja, así como los materiales y herramientas que en él se encuentran, ya que estos permiten que el trabajo pueda llevarse a cabo, no solo el del propio trabajador, sino también el de los demás trabajadores y, en general, el de toda la empresa. Por esta razón las fracciones V y VI del artículo referido establecen que si el trabajador ocasiona perjuicios materiales durante el desempeño de las labores o con motivo de ellas, en los edificios, obras, maquinaria, instrumentos, materias primas y demás objetos relacionados con el trabajo, el patrón tiene la posibilidad de rescindir la relación de trabajo, concretamente si el trabajador los ocasiona:
  - Intencionalmente, o

- Sin dolo, pero con negligencia tal que esta sea la causa única del perjuicio.

- **Comprometer la seguridad.** El trabajador debe tener siempre en mente su seguridad y la de los demás en la empresa, ya que de lo contrario él o los demás pueden sufrir accidentes que hagan muy difícil o imposible la prestación del servicio. Por ello, la fracción VII establece que el patrón puede rescindir la relación laboral si el trabajador compromete por su imprudencia o descuido inexcusable, la seguridad del establecimiento o de las personas que se encuentren en él.
- **Atentar contra la moral.** El trabajador tiene la obligación de respetar los valores, las costumbres, las creencias y las normas de una persona y del lugar de trabajo, de lo contrario se afectaría la convivencia y con ello el propósito de la empresa. Para cuidar esta convivencia, la fracción VIII le da la oportunidad al patrón de rescindir la relación laboral con un trabajador, cuando este comete actos inmorales o de hostigamiento y/o acoso sexual contra cualquier persona en el establecimiento o lugar de trabajo.
- **No ser reservado.** En todas las empresas existen algunas cuestiones reservadas que no están a disposición de personas que no forman parte de esta. Las empresas mantienen en secreto o reserva cierta información acerca de sus actividades y procesos, que son determinantes para la producción y comercialización de los productos y servicios de la empresa, lo que permite tener una posición de ventaja frente a la competencia. Dada la importancia que tiene esta información, el que un trabajador la revele implicaría un perjuicio grave hacia la fuente de trabajo y minaría la confianza que a él se le tiene. Por ello, la fracción IX del aludido artículo prescri-

be que el patrón puede rescindir la relación de trabajo si el trabajador revela los secretos de fabricación o da a conocer asuntos de carácter reservado, con perjuicio de la empresa.

- **No asistir a trabajar.** Una de las condiciones básicas de todo trabajo es la regularidad y el orden en la realización de las actividades, características que generalmente se logran con la asistencia del trabajador a sus labores, de lo contrario, habría incertidumbre en el logro de las metas que la empresa se propone. Por esta razón, el patrón puede rescindir la relación de trabajo si el trabajador tiene más de tres faltas de asistencia en un período de treinta días sin permiso del patrón o sin causa justificada, según lo establece la fracción X del mencionado artículo.
- **Desobedecer.** Como se mencionaba en apartados anteriores, la característica de una relación de trabajo es que el trabajador debe prestar un servicio personal subordinado al patrón, lo que implica que aquel debe obedecer las instrucciones de quien lo contrata, por lo que entonces no tendría razón de continuar la relación de trabajo si el trabajador desobedece al patrón o a sus representantes, sin causa justificada, siempre que se trate del trabajo contratado. Esta causa autoriza al patrón a rescindir la relación de trabajo, de acuerdo a la fracción XI del citado artículo.
- **Negarse a adoptar las medidas preventivas.** Como se ha mencionado en párrafos previos, el trabajador, en todo momento, debe procurar su seguridad y la de los demás en la empresa, ya que al no hacerlo se pone en peligro, a sus compañeros y a la propia empresa. Por ello, de acuerdo con la fracción XII de artículo en análisis, el patrón puede rescindir la relación laboral si el trabajador se niega a adoptar las medi-

das preventivas o a seguir los procedimientos indicados para evitar accidentes o enfermedades.

- **Acudir a sus labores en estado inadecuado.** Continuando con la idea de la seguridad en la empresa y el respeto a la moral de la misma, si el trabajador concurre a sus labores en estado de embriaguez o bajo la influencia de algún narcótico o droga enervante, el patrón, de acuerdo a la fracción XIII del artículo estudiado, puede rescindir la relación laboral, salvo que, en el caso de acudir bajo la influencia de una droga, el trabajador lo haga porque existe una prescripción médica; por lo que tal hecho debe hacerlo del conocimiento del patrón antes de iniciar sus labores y presentar la prescripción suscrita por el médico.
- **Recibir una sentencia que le imponga pena de prisión.** En apartados precedentes se revisó que se suspendía la relación laboral si el trabajador era apresado, pero posteriormente recibía una sentencia que lo declaraba inocente; sin embargo, si la sentencia definitiva le impone al trabajador una pena de prisión, que le impida el cumplimiento de la relación de trabajo, entonces el patrón puede rescindir la relación de trabajo, como lo establece la fracción XIV del artículo señalado.
- **No entregar los documentos necesarios.** También cuando se revisó el tema de la suspensión de la relación de trabajo, esta procedería por un tiempo de hasta dos meses, cuando el trabajador no entrega los documentos necesarios para la prestación del servicio, que exigen las leyes y reglamentos; no obstante, si transcurrido dicho tiempo, el trabajador continúa sin entregar dichos documentos, entonces el patrón, de acuerdo con la fracción XIV bis del artículo mencionado, podrá rescindir la relación laboral.

- **Situaciones análogas.** La fracción XV del artículo referido establece que el patrón podrá rescindir la relación de trabajo si el trabajador realiza acciones análogas a las antes mencionadas que sean de igual manera grave y de consecuencias semejantes en lo que al trabajo se refiere; sin embargo, puede considerarse que esta fracción viola el derecho humano a la estabilidad en el empleo, debido a que la propia ley no es muy precisa sobre los parámetros de gravedad y consecuencias semejantes sobre los que se debe hacer el análisis para rescindir la relación laboral.

Ahora bien, para que el derecho humano a la estabilidad en el empleo se respete al momento de rescindir la relación laboral, no basta que alguna de las situaciones antes mencionadas se presente, sino que además el patrón tome la decisión de rescindir la relación como producto de alguna de ellas. Esto en virtud de que puede darse el caso de que, aunque se presente cualquiera de las situaciones comentadas, el patrón decida no rescindir la relación laboral con el trabajador, sino que decida mejor imponerle una sanción disciplinaria.

Pero si la decisión es rescindir la relación laboral como consecuencia de determinada situación ya analizada, entonces el patrón debe avisar por escrito al trabajador que ha decidido rescindir la relación. En este escrito de aviso de rescisión o de despido, el patrón tiene que señalarle al trabajador con claridad la conducta o conductas que motivan la rescisión y la fecha o fechas en que se cometieron. Es necesario que el aviso se entregue personalmente al trabajador en el momento mismo del despido, y en el caso de que el trabajador no quiera recibir tal escrito o no haya forma de entregárselo personalmente, entonces el patrón tiene que comunicarlo al tribunal laboral competente, dentro de los cinco días hábiles siguientes al despido, para que sea el tribunal laboral quien comunique al trabajador el despido. Para poder hacer esto, el tribunal laboral requiere que el patrón le proporcione el último domicilio que tenga registrado del trabajador a fin de que la autoridad se lo notifique en forma personal.

El último párrafo del artículo 47 de la Ley Federal del Trabajo señala que la falta de aviso al trabajador personalmente o por conducto del tribunal laboral, por sí sola se presume como una separación no justificada y, en consecuencia, se considerará que el derecho a la estabilidad en el empleo no está siendo respetado. Sin embargo, el propio párrafo precisa que cuando exista esta presunción, el patrón tendrá que probar que el despido fue justificado.

El aviso de rescisión es, entonces, un elemento importante en el respeto al derecho a la estabilidad en el empleo. Este escrito le da la oportunidad al trabajador de conocer la razón por la cual se le está despidiendo y, en su momento, si así lo decide, inconformarse con tal decisión; es decir, el aviso le permite defenderse.

Si el trabajador no está de acuerdo con ser despedido, haya o no existido aviso de rescisión, el derecho a la estabilidad en el empleo, reconocido y protegido por el artículo 48 de la Ley Federal del Trabajo, le da la oportunidad al trabajador de solicitar ante la autoridad conciliadora (Centro de Conciliación) que se le reinstale en el trabajo que desempeñaba, o que se le indemnice con el importe de tres meses de salario. Si el patrón y el trabajador no llegan a un acuerdo en el Centro de Conciliación, entonces el trabajador podrá hacer la misma petición al Tribunal Laboral (juez laboral).

Una vez hecha la petición de reinstalación o de indemnización ante el juez laboral, se iniciará un juicio en el que básicamente el patrón debe probar la causa de la rescisión. Si, en el juicio correspondiente, el patrón no comprueba la causa de la rescisión, el trabajador tiene derecho, con independencia de que haya solicitado la reinstalación o la indemnización, a que se le paguen los salarios vencidos calculados desde la fecha del despido hasta por un período máximo de doce meses. Si transcurridos los doce meses de juicio el mismo no ha finalizado, se pagarán también al trabajador los intereses que se generen sobre el importe de quince meses de salario, a razón del dos por ciento mensual, capitalizable al momento del pago. Cabe señalar que, en caso de muerte del trabajador, dejan de computarse los salarios vencidos como parte del conflicto, a partir de la fecha del fallecimiento.

Uno de los límites que tiene el derecho a la estabilidad en el empleo es que el patrón, en algunos casos, no tiene la obligación de reinstalar al trabajador, aun cuando este así lo solicite y demuestre que fue despedido injustamente; sin embargo, en dichos casos, la obligación se traduce en indemnizar al trabajador por despido injustificado. El artículo 49 de la Ley Federal del Trabajo menciona que los casos en que el patrón está exento de reinstalar a un trabajador son:

- Si el trabajador tiene menos de un año trabajando en la empresa.
- Si durante el juicio comprueba ante el juez laboral que el trabajador está en contacto directo y permanente con él, por razón del trabajo que desempeña o por las características de sus labores. En este caso, el juez laboral es quien debe estimar si dicha circunstancia del trabajador hace imposible el desa-

rrollo normal de la relación de trabajo en caso de una reinstalación, para entonces eximir de la obligación al patrón.

- Cuando el trabajador sea de confianza.
- Cuando se trata de un trabajador del hogar.
- Si el trabajador es eventual.

A los trabajadores antes mencionados, así como aquellos que soliciten directamente la indemnización en caso de despido injustificado y este sea demostrado, el patrón debe indemnizarlos. Se insiste que la indemnización es una protección al trabajador producto del derecho a la estabilidad en el empleo, por lo que el artículo 50 de la Ley Federal del Trabajo reconoce y precisa esa protección, estableciendo las bases mínimas para realizarla.

En el caso de un trabajador con una ***relación laboral por tiempo determinado menor de un año***, el trabajador debe recibir por concepto de indemnización al menos una cantidad igual al monto de los salarios de la mitad del tiempo de servicios prestados, más el importe de tres meses de salario y el pago de los salarios vencidos e intereses, en su caso.

La indemnización para el trabajador que tiene una ***relación laboral por tiempo determinado mayor a un año***, es de al menos una cantidad igual al monto de los salarios de seis meses por el primer año y de veinte días por cada uno de los años siguientes en que hubiese prestado sus servicios, más el importe de tres meses de salario y el pago de los salarios vencidos e intereses, si fuera el caso.

Cuando el trabajador está bajo una ***relación laboral por tiempo indeterminado***, su indemnización debe consistir en al menos veinte días de salario por cada uno de los años de servicios prestados, más el importe de tres meses de salario y el pago de los salarios vencidos e intereses, en su caso.

Rescisión con responsabilidad para el patrón. En este apartado se ha analizado la rescisión de la relación laboral como un efecto del derecho a la estabilidad en el empleo, en el sentido de que el trabajador tenga la seguridad de que permanecerá en su empleo, mientras cumpla con las obligaciones que se derivan de su relación laboral. Sin embargo, la rescisión de la relación de trabajo también se puede originar porque el patrón no cumple con las obligaciones que de ella se derivan, generando entonces la posibilidad de que el trabajador la gestione, al percibir que tal incumplimiento lo sitúa en un *trabajo que no es digno o decente.* Esta rescisión, que se atribuye a la responsabilidad del patrón, ocasiona que el trabajador, al disolverse el vínculo laboral, reciba una indemnización que, para efectos económicos, tendrá los mismos montos que percibiría si se le despidiera de manera injustificada. El artículo 52 de la Ley Federal del Trabajo reconoce esta posibilidad de indemnización a favor del trabajador que considera que el patrón ha incumplido con sus obligaciones contractuales, pero acota el tiempo que tiene el trabajador para separarse del trabajo (rescindir la relación), ya que lo debe hacer dentro de los treinta días siguientes a la fecha en que se dé la causa que motiva tal separación.

Las causas por la cuales el trabajador puede rescindir la relación de trabajo sin ninguna responsabilidad se encuentran señaladas en el artículo 51 de la Ley Federal del Trabajo y son:

- **Ser engañado por el patrón.** Esta causal se configura cuando el patrón o una agrupación patronal, al momento de ofrecerle trabajo, le propongan al trabajador condiciones de trabajo que no se cumplan ya laborando. Para que proceda esta causa de rescisión, el trabajador la debe hacer valer dentro de los treinta días siguientes al inicio de la prestación de sus servicios (fracción I).

- **Actos contra su dignidad.** El trabajador puede rescindir la relación laboral cuando se afecte su dignidad al ser objeto de faltas de probidad u honradez, actos de violencia, amenazas, injurias, hostigamiento y/o acoso sexual, malos tratamientos u otros análogos. Estos actos pueden provenir de:
  - El patrón, sus familiares o cualquiera de sus representantes, *dentro del servicio*. La causal también opera si dichas personas realizan los actos mencionados en contra del cónyuge, padres, hijos o hermanos del trabajador (fracción II).
  - El patrón, sus familiares o trabajadores, *fuera del servicio*. Estos actos deben ser de tal manera graves que hagan imposible el cumplimiento de la relación de trabajo (fracción III).

  También es posible rescindir la relación si el patrón le exige al trabajador la realización de actos, conductas o comportamientos que menoscaben o atenten contra la dignidad del trabajador (fracción IX).
- **Afectar su salario.** Desde luego el primer interés del trabajador, y un derecho derivado de prestar sus servicios, es recibir el salario pactado con el patrón, por lo que si el patrón reduce su salario (fracción IV) o no le entrega el salario correspondiente en la fecha o lugar convenidos o acostumbrados (fracción V), el trabajador está en la posibilidad de rescindir la relación laboral.

- **Atentar contra su seguridad.** En párrafos anteriores se mencionó que el trabajador debe procurar siempre en el trabajo su seguridad y la de los demás, pero dicha seguridad no solo es tarea de él y de sus compañeros, sino que el patrón también está obligado a proveerla. Si el patrón no proporciona esa seguridad o atenta contra ella, el trabajador podría rescindir la relación de trabajo si se presentan alguna de las siguientes situaciones:
  - Sufrir perjuicios causados maliciosamente por el patrón, en sus herramientas o útiles de trabajo (fracción VI).
  - Cuando el patrón no proporciona condiciones higiénicas en el establecimiento o no cumple con las medidas preventivas y de seguridad que las leyes establezcan para dicho establecimiento. Para que esta causal proceda, las circunstancias antes mencionadas deben generar la existencia de un peligro grave para la seguridad o salud del trabajador o de su familia (fracción VII).
  - En el caso en que el patrón comprometa con su imprudencia o descuido inexcusables la seguridad del establecimiento o de las personas que se encuentren en él (fracción VIII).
- **Situaciones análogas.** La fracción X establece que, si se presentan situaciones análogas a algunas de las mencionadas anteriormente y son de igual manera graves y de consecuencias semejantes, en lo que al trabajo se refiere, el trabajador puede rescindir la relación de trabajo.

Al igual que en el caso de la rescisión sin responsabilidad para el patrón, en este tipo de rescisión laboral no es suficiente que alguna de las situaciones antes mencionadas se presente, sino que además el trabajador tome la decisión de rescindir la relación como producto de alguna de ellas. Esto en virtud de que puede darse el caso de que, aunque se presente cualquiera de las situaciones comentadas, el trabajador decida no rescindir la relación laboral.

Pero si la decisión es rescindir la relación laboral, y aunque la ley no lo exige, el trabajador debe avisar por escrito al patrón que ha decidido rescindir la relación, esto para que pueda proceder la indemnización respectiva y para que el patrón sepa qué fue lo que sucedió y en qué momento, y poder llevar a cabo la defensa pertinente.

Terminación de las relaciones de trabajo

La relación de trabajo termina o se extingue cuando se produce una causa que legalmente pone fin a la relación existente entre trabajador y patrón haciendo que concluyan sus efectos, según lo expresa Bouzas (2017). La terminación puede darse por la voluntad de las partes o por causas ajenas a la voluntad de ellas. El artículo 53 de la Ley Federal del Trabajo prescribe que las causas de terminación de las relaciones de trabajo son:

- **Por voluntad de las partes.** Así como la voluntad del patrón y el trabajador dan inicio a una relación laboral, también puede ponerle fin de distintas formas:
    - *El mutuo consentimiento.* Esta forma surge cuando ambos libremente expresan su coincidencia de poner fin a la relación laboral, es decir, no expresan su consentimiento motivado por el error, el dolo o la violencia (fracción I).
    - *La terminación de la obra.* En el caso de que el trabajador y el patrón acuerdan una relación por obra determinada,

están determinando desde el inicio la fecha de conclusión de tal relación (fracción III).

- *El vencimiento del término pactado.* Cuando el patrón y el trabajador pactan una relación por tiempo determinado, están acordando desde el principio la fecha de extinción de tal relación (fracción III).
- *El agotamiento de la inversión del capital.* En el momento en que el trabajador y el patrón inician una relación de trabajo para la explotación de minas que carezcan de minerales costeables, o para la restauración de minas abandonadas o paralizadas, la pueden pactar por el tiempo que subsista la inversión de capital determinado, por lo que desde el principio saben que una vez agotada esa inversión, la duración de trabajo termina (fracciones III y V).

- **Causas ajenas a las partes.** La imposibilidad de continuar el trabajo, sin que la voluntad de ninguna de las partes intervenga en las circunstancias que la determina, es causa de terminar la relación laboral. Las razones son:
  - *La muerte del trabajador.* Dado que la relación de trabajo implica la obligación del trabajador de prestar personalmente sus servicios, es lógico que su muerte signifique automáticamente la terminación de la relación, la cual no es posible de transmitirse a otra persona (fracción II).
  - *La incapacidad física o mental o inhabilidad manifiesta del trabajador, que haga imposible la prestación del trabajo.* La incapacidad del trabajador no se genera por voluntad del trabajador; sin embargo, es causal de la terminación de la relación laboral debido a que, al no estar en condiciones de cumplir con dicha obligación personal,

entonces la relación de trabajo se termina. Si la incapacidad proviene de un riesgo no profesional, el trabajador tendrá derecho a que se le pague un mes de salario y doce días por cada año de servicios, o de ser posible, si así lo desea, a que se le proporcione otro empleo compatible con sus aptitudes, independientemente de las prestaciones que le correspondan de conformidad con las leyes (fracción IV).

- *La fuerza mayor o el caso fortuito no imputable al patrón, o su incapacidad física o mental o su muerte, que produzca como consecuencia necesaria, inmediata y directa, la terminación de los trabajos.* Cualquier acontecimiento o hecho externo de carácter imprevisible o previsible pero inevitable, generan la terminación de la relación laboral, cuando dichos actos o hechos producen de manera definitiva que la prestación del trabajo sea imposible (fracción V).
- *La incosteabilidad notoria y manifiesta de la explotación.* Cuando económicamente es evidente que una empresa está perdiendo y el cierre de ella es irreversible, la ley permite que las relaciones de trabajo que en ella existen terminen (fracción V).
- *El agotamiento de la materia objeto de una industria extractiva.* En el caso de las empresas que explotan minas, las relaciones de trabajo terminan cuando los minerales que extraen se agotan, ya que no hay trabajo que realizar (fracción V).
- *El concurso o la quiebra legalmente declarado, si la autoridad competente o los acreedores resuelven el cierre definitivo de la empresa o la reducción definitiva de sus*

trabajos. El cierre definitivo de la empresa, al poner fin a las actividades laborales que ella genera, termina las relaciones de trabajo como consecuencia de esta (fracción V).

Todas las causales de terminación anteriormente referidas producen como consecuencia común la de poner fin a la relación de trabajo, de manera que el trabajador extingue su vínculo laboral con el patrón. Sin embargo, es importante señalar que derivado del derecho a la estabilidad en el empleo, si el patrón da por terminada la relación laboral por una causa distinta a las mencionadas, el trabajador puede solicitar la intervención de una autoridad administrativa o de un juez laboral para que el patrón demuestre la causa legal de dicha terminación, o de lo contrario reinstale o indemnice al trabajador.

El emprendor podrá darse cuenta de que cada uno de los elementos explorados en los párrafos previos contribuyen a dar certeza al trabajador sobre su permanencia en el empleo, generando con ello un impacto positivo en la productividad del trabajador y de la empresa.

7

DERECHO A CONDICIONES DE TRABAJO DIGNAS Y JUSTAS

Para el emprendedor, el contenido de este apartado reviste una gran importancia, ya que le permite diferenciar los estándares mínimos que deben cumplir las condiciones de trabajo en una relación laboral para considerarlas dignas y justas. De igual forma, le proporciona elementos para evaluar la importancia de las condiciones de trabajo dignas y justas como requisito previo y resultado del disfrute de otros derechos humanos.

Como en los apartados anteriores, para iniciar con el tema, se sugiere que el emprendedor considere la situación de Emmanuel, que trabaja en una empresa mediana cuyo propietario es una persona física. El propietario de la empresa supervisa directamente el desempeño de su empresa, es el primero en llegar y el último en irse; él es quien tiene la última palabra para contratar a las personas, asignarles el sueldo, establecer su actividades y jornada de trabajo, y, en general, todo aquello que tenga que ver con sus trabajadores, porque los considera su recurso más valioso. A pesar de que parte de sus empleados lo consideran una buena persona, debido a su actuar particular con cada uno de los trabajadores, sin basarse en reglas claras y, en algunos casos por razones muy subjetivas, algunos de sus trabajadores consideran que ha sido injusto y que afecta la dignidad de las personas. Emmanuel, por ejemplo, se ha dado cuenta de que realiza el mismo trabajo que otros, pero su salario es inferior; que en ocasiones no se le otorgan vacaciones por el exceso de trabajo en la empresa y otros sí las gozan; que, al solicitar permisos al dueño, este inmediatamente se los concede sin hacer ninguna pregunta, pero a otros de sus compañeros los cuestiona al grado de acosarlos y finalmente no se los concede; que su lugar de trabajo está perfectamente adecuado y es seguro para las labores, pero otros lugares de trabajo son sumamente peligrosos.

Con el escenario anterior descrito, es conveniente que el emprendedor se haga las siguientes preguntas:

- ¿Deben establecerse las condiciones en las que se realiza el trabajo con base en casos particulares?
- ¿Qué puede ocasionar la desigualdad en una relación de trabajo?
- ¿Es necesario que existan bases mínimas para establecer condiciones en un trabajo?
- ¿Hay alguna relación entre la forma en que se realiza el trabajo y la dignidad del trabajador?
- ¿Qué impacto puede tener en la empresa la falta de claridad en las condiciones de la relación laboral?

El derecho de toda persona al goce de condiciones de trabajo dignas y justas está reconocido en el Título Tercero de la Ley Federal del Trabajo, el artículo 123 de la Constitución Política de los Estados Unidos Mexicanos, los artículos 23 y 24 de la Declaración Universal de Derechos Humanos, los artículos 14 y 15 de la Declaración Americana de los Derechos y Deberes del Hombre, el artículo 7° del Pacto Internacional de Derechos Económicos, Sociales y Culturales, el artículo 7° del Protocolo de San

Salvador, en 13 Convenios de la OIT, así como en otros tratados internacionales universales y regionales de derechos humanos. Ese derecho es un componente importante de otros derechos laborales y consecuencia del derecho al trabajo. De igual forma, los derechos sindicales, la libertad de asociación y el derecho de huelga son medios fundamentales para establecer, mantener y defender unas condiciones de trabajo dignas y justas. También el sistema de seguridad social compensa la falta de ingresos procedentes del trabajo y complementa los derechos laborales. El disfrute del derecho a condiciones de trabajo dignas y justas es un requisito previo y el resultado del disfrute de otros derechos humanos (no necesariamente laborales), por ejemplo, el derecho al disfrute del más alto nivel posible de salud física y mental, mediante la prevención de los accidentes laborales y las enfermedades profesionales, y el derecho a un nivel de vida adecuado, a través de una remuneración aceptable.

Para la OIT (2009), en algunas empresas no se percibe con claridad la importancia del derecho a condiciones de trabajo dignas y justas; continúan pagando salarios bajos, generan una importante diferenciación salarial por razón de sexo, no implementan medidas eficaces para evitar accidentes de trabajo o muertes relacionadas con el trabajo, el promedio de las horas de trabajo es alto, e incluso, en muchas ocasiones, no aplican la legislación laboral.

La discriminación, la desigualdad, la falta de descanso y de la posibilidad de disfrutar de tiempo libre afectan a muchos trabajadores. En México, las crisis económicas, políticas y fiscales han dado lugar a que se adopten medidas de austeridad que en algunas ocasiones han destruido los avances que se han logrado en materia laboral. El hecho de que en la actualidad se implementen complejas modalidades de contratos laborales (contratos de corta duración, contratos sin número de horas semanales, etc.) o formas de empleo atípicas, la inexacta aplicación o distorsionada interpretación de las normas laborales nacionales e internacionales, la ineficacia de la negociación colectiva y las condiciones de trabajo ha provocado una insuficiente protección a las condiciones de trabajo. Incluso en períodos de bonanza económica, hay muchos trabajadores que no gozan de condiciones de trabajo dignas y justas.

El reconocimiento al derecho a condiciones de trabajo dignas y justas abarca sin distinción alguna a todos los trabajadores en todos los ámbitos, independientemente de su sexo, su poca o mucha edad, si presentan o no alguna discapacidad, si forman parte del sector informal, si son migrantes, si pertenecen a alguna minoría (étnica o de otro tipo), si trabajan en el hogar de alguien más, si trabajan por cuenta propia, si su trabajo es agrícola, si son refugiados o si no reciben remuneración por su trabajo. Al abarcar a todos los trabajadores, se fortalece la idea de prohibir la discriminación y promover el concepto de igualdad.

Cuando se habla de condiciones de trabajo dignas y justas, regularmente se enumeran las condiciones mínimas que se espera estén presentes en una relación de trabajo, de ninguna forma se trata de encasillar en una lista definitiva los beneficios a los que tiene derecho un trabajador durante la prestación del servicio. Las condiciones mínimas de trabajo están asociadas a las figuras de *no discriminación, salario, seguridad e higiene, promoción y capacitación, jornada de trabajo, descanso y vacaciones*. La Ley Federal del Trabajo, en su Título III, aborda estas figuras y establece las normas mínimas que hay que considerar con relación a tales condiciones de trabajo.

Igualdad y no discriminación

De acuerdo con el artículo 56 de la Ley Federal del Trabajo, todas las condiciones de trabajo deben basarse en el *principio de igualdad sustantiva entre mujeres y hombres*, por lo que, al momento de establecerlas, estas no pueden fijar diferencias y/o exclusiones por motivo de origen étnico o nacionalidad, sexo, género, edad, discapacidad, condición social, condiciones de salud, religión, opiniones, preferencias sexuales, condiciones de embarazo, responsabilidades familiares o estado civil.

La igualdad sustantiva se logra eliminando la discriminación que reduce o anula el reconocimiento, goce o ejercicio de los derechos humanos y las libertades fundamentales en el ámbito laboral. Supone el acceso a las mismas oportunidades, considerando las diferencias biológicas, sociales y culturales de las personas.

En atención a lo anterior, es importante que el patrón o la empresa eliminen las brechas de género, es decir, que desaparezca la distancia que separa a mujeres y hombres, respecto a las oportunidades de acceso y control de los recursos económicos, sociales, culturales y políticos, lo cual pueden lograr comparando cuantitativa y cualitativamente a mujeres y hombres con características similares, como edad, ocupación, ingreso, escolaridad, participación económica y balance entre el trabajo doméstico y remunerado, entre otras.

Sin embargo, no solo el patrón o la empresa deben y puede evitar la discriminación laboral, sino que la sociedad también puede contribuir garantizando la igualdad y justicia a grupos, colectivos y personas históricamente marginadas, motivando con ello la inclusión laboral y, en consecuencia, el pleno goce de derechos y obligaciones. El propósito fundamental de la inclusión laboral es el acceso a un empleo digno, productivo y bien remunerado a favor de las personas en edad de trabajar, sin importar su origen étnico o nacional, sexo, edad, discapacidad, condición social o económica, condiciones de salud, embarazo, lengua, religión, opiniones, preferencias sexuales, estado civil o conyugal, entre otros motivos.

El emprendedor, patrón o empresa pueden contribuir significativamente a la igualdad laboral y la no discriminación si implementan y ejecutan dentro de sus procesos de gestión y de recursos humanos prácticas para la igualdad laboral y no discriminación que favorezcan el desarrollo integral de las y los trabajadores. Para ello, puede apoyarse en los lineamiento que establece la norma mexicana NMX-R-025-SCFI-2015.

Dentro de las prácticas que una empresa idealmente debería implementar, se encuentran:

- Elaborar y poner en práctica una política de igualdad laboral y no discriminación.
- Poner a funcionar y apoyar las labores de un comité que se encargue de la vigilancia del desarrollo e implementación de prácticas de igualdad laboral y no discriminación.
- Diseñar e implementar un proceso de reclutamiento y selección de personal sin discriminación y con igualdad de oportunidades.
- Evaluar sistemáticamente la implementación de prácticas y acciones de igualdad laboral y no discriminación, a través de distintos mecanismos como el de la auditoría interna.
- Medir constantemente el clima laboral y la no discriminación.

Adicionalmente a estas prácticas, una empresa caminaría hacia un entorno laboral sin discriminación e igualitario si implementa y difunde un código de ética entre sus trabajadores; si garantiza la igualdad salarial y el otorgamiento de prestaciones y compensaciones a su personal; si implementa procesos de ascenso y permanencia, así como de formación, capacitación, y adiestramiento, con igualdad de oportunidades; si pone en funcionamiento un plan de capacitación y sensibilización en igualdad laboral y no discriminación para todos los trabajadores; si utiliza en todas las actividades de la empresa un lenguaje incluyente, no sexista y accesible; si se esfuerza en realizar acciones para la corresponsabilidad en la vida laboral, familiar y personal con igualdad de oportunidades; si proporciona accesibilidad al centro de trabajo; y si adopta mecanismos y regulaciones para prevenir, atender y sancionar las prácticas de discriminación y violencia laboral.

La norma mexicana a la que se ha aludido recomienda que las empresas estén constantemente implementando medidas que busquen hacer efectivo el acceso de todas las personas a la igualdad real de oportunidades, eliminando las barreras físicas, comunicacionales, normativas o de otro tipo, que obstaculizan el ejercicio de derechos y libertades prioritariamente a las mujeres y a los grupos en situación de discriminación o vulnerabilidad; por ejemplo, realizando acciones de reclutamiento y promoción para incrementar la integración de mujeres a la plantilla de personal, realizando acciones de reclutamiento y ascensos para que las mujeres ocupen puestos directivos, procurando contratar personal con alguna discapacidad que permanezcan en el empleo más de seis meses, incorporar a su plantilla una persona que figure como mediadora dentro del mecanismo para prevenir, atender y sancionar las prácticas de discriminación y violencia laboral, y llevar a cabo actividades o eventos enfocados exclusivamente a fomentar la igualdad y no discriminación que sean dirigidos al personal y sus familias.

Lograr que la empresa genere un entorno laboral con igualdad y no discriminación proporciona beneficios a la propia empresa, a sus empleados y empleadas, y a la sociedad.

Salario

Dentro de una relación laboral, el salario es la retribución que debe pagar el patrón al trabajador por su trabajo. Esta retribución se integra, según el artículo 84 de la Ley Federal del Trabajo, con los pagos hechos en efectivo por día trabajado, gratificaciones, percepciones, habitación, primas, comisiones, prestaciones en especie y cualquier otra cantidad o prestación que se entregue al trabajador.

De acuerdo al Comité-DESC (2016), las características mínimas que debe reunir el salario para que no contravenga el derecho a condiciones dignas y justas, son las siguientes: que sea *equitativo*; *que sea igual por trabajo de igual valor*, sin distinciones de ninguna especie, garantizándose en particular a las mujeres condiciones de trabajo no inferiores a las de los hombres, con salario igual por trabajo igual; y que proporcione a todos los trabajadores *condiciones de existencia dignas* para ellos mismos y sus familias.

Salario equitativo. Todos los trabajadores tienen derecho a un salario equitativo. La noción de salario equitativo no es permanente ni se aplica para todos los casos, pues depende de una serie de criterios o características que tienen que ver no solo con el resultado del trabajo, sino también las responsabilidades del trabajador, el nivel de calificación y de educación necesario para desempeñar el trabajo, las consecuencias que el trabajo tiene en la salud y la seguridad del trabajador, las dificultades específicas relacionadas con el trabajo, y la repercusión en la vida personal y familiar del trabajador. En todo ejercicio de valoración de la equidad en el salario, también se debe tener en cuenta la situación de las mujeres trabajadoras, especialmente en los casos en que su trabajo y su salario han sido tradicionalmente subestimados. El artículo 86 de la Ley Federal del Trabajo señala esa equidad al establecer que, a trabajo igual, desempeñado en puesto, jornada y condiciones de eficiencia también iguales, debe corresponder salario igual.

Como lo señala Hernández (2013), cuando los trabajadores tienen una relación de trabajo inestable, en la búsqueda de la equidad salarial, quizá sea necesario incluir complementos salariales y otras medidas de protección contra la arbitrariedad para mitigar la falta de seguridad en el empleo. Los trabajadores no deberían tener que devolver parte de su salario por el trabajo ya realizado, y deberían percibir todos los salarios y prestaciones que se les deba legalmente al término del contrato o en caso de quiebra o liquidación judicial de bienes del empleador.

Los presos que hayan aceptado trabajar deben recibir un salario equitativo. La gran mayoría de los trabajadores considera que el salario equitativo es superior al salario mínimo. Los salarios deben pagarse en su totalidad, con periodicidad regular y sin retraso.

Está prohibido que los empleadores restrinjan la libertad de los trabajadores de disponer libremente de su salario, y cualquier disposición o medida que desvirtúe este derecho será nula. De igual forma, un patrón no puede pactar con un trabajador que este renuncie a su salario o a los salarios devengados; ambos son derechos irrenunciables, como lo señalan los artículos 98 y 99 de la Ley Federal del Trabajo.

La equidad en el salario también implica establecer una serie de normas mínimas que establezcan criterios de actuación por parte del patrón cuando paga el salario a sus trabajadores. Estos criterios se encuentran establecidos en los artículos 82 al 89 y 98 al 116 de la Ley Federal Trabajo. Un primer criterio que señala el artículo 83 es que el salario puede fijarse por unidad de tiempo (horas, días, semanas, quincenas, meses, etc.), por unidad de obra (por avance de la obra, por objetivos establecidos, etc.), por comisión, a precio alzado o de cualquier otra manera. Si se fija el *salario por unidad de tiempo*, se establecerá específicamente esa naturaleza. Queda a la libertad del trabajador y el patrón convenir el monto, siempre que se trate de un salario remunerador, así como el pago por cada hora de prestación de servicio, siempre y cuando no se exceda la jornada máxima legal y se respeten los derechos laborales y de seguridad social que corresponden al trabajo de que se trate. El salario que reciban los trabajadores por esta modalidad, en ningún caso será inferior al que corresponda a la jornada de un día. Cuando el salario se fije por *unidad de obra*, además de especificarse la naturaleza de esta, se hará constar la cantidad y calidad del material, el estado de la herramienta y útiles que el patrón, en su caso, proporcione para ejecutar la obra, y el tiempo por el que los pondrá a disposición del trabajador, sin que pueda exigir cantidad alguna por concepto del desgaste natural que sufra la herramienta como consecuencia del trabajo.

Como segundo criterio, el artículo 85 establece que el salario que se pague debe ser remunerador, y por ninguna circunstancia menor al mínimo que establecen las leyes mexicanas. Al momento de fijar el monto del salario, el patrón y el trabajador deben considerar la cantidad y calidad del trabajo. Si por alguna razón existen dificultades al fijar el salario por unidad de obra para que no sea inferior al mínimo, se debe considerar que el salario que se pague no debe ser menor al monto de un salario mínimo para una jornada de ocho horas; es decir, si la obra por la que se contrató es realizar una puerta y no se definió el salario, pero sí se sabe que la puerta se elaboró en ochos horas, entonces el salario será cuando menos el equivalente al pago que se hace en una jornada de ocho horas.

Los artículos 88 y 89 señalan los criterios a seguir para los plazos en el pago del salario y para determinar la base del monto en el pago de las indemnizaciones. Los plazos de pago nunca podrán ser mayores a una semana para las personas que desempeñan un trabajo material o manual, y a quince días para los demás trabajadores. La base para el pago de indemnizaciones a los trabajadores es el salario integrado que el trabajador recibe el día que nace el derecho a la indemnización. Si el salario que recibe el trabajador es por unidad de obra o es variable, se toma como salario diario el promedio de las percepciones obtenidas en los treinta días efectivamente trabajados antes de que nazca el derecho a la indemnización. Si en esos treinta días hay aumento en el salario, entonces se toma como base el promedio de las percepciones obtenidas por el trabajador a partir de la fecha del aumento. Cuando el salario se paga por semana o por mes, se dividirá entre siete o entre treinta, según el caso, para determinar el salario diario.

Con la intención de proteger el salario del trabajador, la fracción X del apartado A del artículo 123 de la constitución y los artículos 100, 101, 108 y 109 de la Ley Federal del Trabajo enuncian los criterios sobre las formas en las que el patrón debe pagar el salario al trabajador. En atención a estos criterios se le imponen al patrón varias obligaciones. El pago del salario lo debe hacer en el lugar donde los trabajadores presten sus servicios. El pago tiene que efectuarse en el día laborable que pacten trabajador y patrón, durante las horas de trabajo o inmediatamente después de su terminación. Es obligatorio pagar el salario directamente al trabajador, salvo que el trabajador esté imposibilitado para efectuar personalmente el cobro, entonces el pago se hace a la persona que designe como apoderado mediante carta poder firmada por dos testigos. Si el patrón realiza el pago del salario sin respetar los criterios mencionados, podrá incurrir en responsabilidad frente al trabajador, si este se inconforma por la forma en que se realizó su pago. También se impone la obligación al patrón de pagar el salario en efectivo con moneda de curso legal, es decir, con dinero, no siendo permitido hacerlo en mercancías, vales, fichas o cualquier otro signo representativo con que se pretenda substituir al dinero. Si al trabajador no le conviene recibir su salario en efectivo, puede pactar con el patrón que sea depositado en una cuenta bancaria, tarjeta de débito, transferencias o cualquier otro medio electrónico, sin que los gastos o costos que originen estos medios alternativos de pago le sean cobrados o descontados al trabajador. Cualquiera de las formas de pago antes señaladas le genera al trabajador el derecho a tener acceso a la información detallada de los conceptos y deducciones de pago y a recibir los comprobantes (recibos) de pago en forma impresa o por cualquier otro medio, sin perjuicio de que el patrón los deba entregar en documento impreso cuando el trabajador así lo requiera. Los recibos impresos deben contener firma autógrafa del trabajador para su validez; los recibos de pago contenidos en comprobantes fiscales digitales por Internet (CFDI) pueden sustituir a los recibos impresos.

El salario del trabajador debe ser protegido de decisiones que menoscaben su derecho a recibirlo de manera íntegra, por lo que los artículos 104, 105, 106, 107 y 116 de la Ley Federal del Trabajo prescriben algunas restricciones o limitaciones. Una de las restricciones es que el trabajador no puede ceder su salario en favor del patrón o de otras personas, cualquiera que sea la denominación o forma que se le dé; si lo hace, la cesión se considera nula o sin efecto. También se restringe la posibilidad de que el salario de los trabajadores sea objeto de compensación alguna. Otra limitación es relativa a que el patrón no puede suspender el pago del salario, salvo en los casos y con los requisitos establecidos en la Ley Federal del Trabajo. De igual manera, se prohíbe la imposición de multas a los trabajadores, cualquiera que sea su causa o concepto; así como los descuentos en los salarios de los trabajadores, salvo en los casos en que se trate de cuotas sindicales, pensiones alimenticias, abonos al INFONAVIT, cajas de ahorro, renta de habitaciones o abonos a préstamos por anticipo de salario. También está prohibido que en los centros de trabajo se venda a los trabajadores bebidas con un contenido alcohólico superior al cinco por ciento y se promueva que participen en juegos de azar y apuestas.

Otra forma de proteger la equidad en el salario es otorgándole al mismo ciertos privilegios que le proporcionen una ventaja frente a determinadas circunstancias. Los artículos 111, 112, 113 y 114 de la Ley Federal del Trabajo prescriben esos privilegios.

Uno de ellos es el referente a que las deudas contraídas por los trabajadores con sus patrones en ningún caso devengarán intereses. Otro es que los salarios de los trabajadores no pueden ser embargados o retenidos, salvo el caso de pensiones alimenticias decretadas por un juez competente, por lo que los patrones no están obligados a cumplir ninguna otra orden judicial o administrativa de embargo. Un privilegio adicional es que los salarios devengados en el último año y las indemnizaciones debidas a los trabajadores tienen preferencia de pago ante cualquier deuda o crédito que haya sobre todos los bienes del patrón. También se otorga el privilegio a los salarios e indemnizaciones adeudadas a los trabajadores, ya que, para cobrarlos, el juez laboral puede embargar y rematar los bienes necesarios del patrón para que sean pagados, sin necesidad de competir en un juicio sobre su preferencia de cobro sobre otras deudas del patrón.

La equidad también tiene que estar presente en las prestaciones que forman parte del salario de todos los trabajadores, por lo que los artículos 87, 102, 103 y 103 bis de la Ley Federal del Trabajo, fijan algunas directrices en torno al otorgamiento de ciertas prestaciones. Una de esas prestaciones es el *aguinaldo*, el cual debe pagarse antes del día veinte de diciembre de cada año, equivalente a quince días de salario, por lo menos. Aquellos trabajadores que no hayan cumplido el año de servicios, independientemente de que se encuentren laborando o no en la fecha en que se paga el aguinaldo, tendrán derecho a recibir la parte proporcional del mismo, conforme al tiempo que hubieren trabajado, sin importar si fue un solo día. En el caso de las *prestaciones en especie*, estas deben ser apropiadas al uso personal del trabajador y de su familia, y no mayores a la mitad del monto del salario que se pague en efectivo. Como prestación también puede proporcionarse la creación de *almacenes y tiendas en que se vendan ropa, comestibles y artículos para el hogar*, que beneficien a los trabajadores, donde los trabajadores puedan comprar las mercancías libremente sin coacción alguna, en donde los precios nunca sean superiores a los precios oficiales o a los del mercado, y en donde los trabajadores puedan participar en su administración y vigilancia. También, como prestación, el patrón tiene la posibilidad de afiliar a la empresa al Instituto del Fondo Nacional para el Consumo de los Trabajadores (INFONACOT) para que los trabajadores puedan adquirir créditos en mejores condiciones, así como tener acceso a servicios financieros que promuevan el ahorro y la consolidación de su patrimonio.

Otra de las prestaciones que igualmente debe regirse por el criterio de equidad es *la participación de los trabajadores en el reparto de las utilidades de la empresa*. Esta prestación se encuentra regulada por la fracción IX del apartado A del artículo 123 de la constitución y por los artículos 117 al 131 de la Ley Federal del Trabajo. A este beneficio tienen derecho todos los trabajadores en el porcentaje que determine la Comisión Nacional para la Participación de los Trabajadores en las Utilidades de las Empresas. Cabe señalar que esta comisión la conforman representantes de trabajadores, representantes de patrones y representantes del gobierno. El porcentaje fijado por la comisión constituye la participación que corresponderá a los trabajadores en las utilidades anuales de cada empresa, siempre y cuando la empresa donde laboren haya generado utilidades de acuerdo con la Ley del Impuesto sobre la Renta. El reparto de utilidades entre los trabajadores debe efectuarse dentro de los sesenta días siguientes a la fecha en que la empresa deba pagar anualmente el impuesto sobre la renta. La utilidad de la empresa que ha de repartirse entre los trabajadores debe ser equitativa, por lo que el artículo 123 de la Ley Federal del Trabajo establece que dicha utilidad repartible se divide en dos partes iguales: la primera se reparte por igual entre todos los trabajadores, tomando en consideración el número de días trabajados por cada uno en el año, independientemente del monto de los salarios; y la segunda se reparte en proporción al monto de los salarios devengados por el trabajo prestado durante el año. Para efecto del reparto de utilidades se considera como salario la cantidad que percibe cada trabajador en efectivo por cuota diaria. No se consideran como parte de él las gratificaciones, percepciones y demás prestaciones, ni las sumas que perciba el trabajador por concepto de trabajo extraordinario. En los casos de salario por unidad de obra y, en general, cuando la retribución sea variable, se toma como salario diario el promedio de las percepciones obtenidas en el año. No hay compensaciones de los años de pérdida con los de ganancia. El monto que reciben los trabajadores por concepto de participación en las utilidades no se considera como parte del salario para los efectos de las indemnizaciones que deban pagarse a los trabajadores. Las cantidades que correspondan a los trabajadores por concepto de utilidades quedan amparadas por las mismas normas que protegen al salario. Es importante puntualizar que este derecho de los trabajadores a participar en las utilidades no genera la facultad de intervenir en la dirección o administración de las empresas.

La prestación relativa al reparto de utilidades tiene tres particularidades que señalan los artículos 126 y 127 de la Ley Federal del Trabajo. La primera de ellas es que no todas las empresas están obligadas al pago del reparto de utilidades. Por esto, las empresas de nueva creación, durante el primer año de funcionamiento; las empresas de nueva creación, dedicadas a la elaboración de un producto nuevo, durante los dos primeros años de funcionamiento; las empresas de industria extractiva, de nueva creación, durante el período de exploración; las instituciones de asistencia privada, reconocidas por las leyes, que con bienes de propiedad particular ejecuten actos con fines humanitarios de asistencia, sin propósitos de lucro y sin designar individualmente a los beneficiarios; el Instituto Mexicano del Seguro Social y las instituciones públicas descentralizadas con fines culturales, asistenciales o de beneficencia; y las empresas que tengan un capital menor del que fije la Secretaría del Trabajo y Previsión Social no tienen la obligación de repartir utilidades a sus trabajadores. La segunda particularidad es que no todos los trabajadores tienen derecho al reparto de utilidades, específicamente los directores, administradores y gerentes generales de las empresas; los trabajadores de confianza que perciban un salario mayor del que corresponda al trabajador sindicalizado de más alto salario dentro de la empresa, o a falta de este al trabajador de planta con la misma característica; y los trabajadores del hogar. Una tercera particularidad es que, para el reparto de utilidades, hay que tomar en cuenta determinadas circunstancias del trabajador o del trabajo. Por ejemplo, en el caso de los trabajadores que prestan sus servicios a personas cuyos ingresos deriven exclusivamente de su trabajo, y el de los que se dediquen al cuidado de bienes que produzcan rentas, o al cobro de créditos y sus intereses, dicho reparto no podrá exceder de un mes de salario. También están los casos de las madres trabajadoras, durante los períodos pre y postnatales, y los trabajadores víctimas de un riesgo de trabajo durante el período de incapacidad temporal, en donde deben ser considerados como trabajadores en servicio activo; los casos de los trabajadores del establecimiento de una empresa que, para efectos del reparto de utilidades, se deben considerar como parte de dicha empresa; y, por último, los casos de los trabajadores eventuales que tienen derecho a participar en las utilidades de la empresa cuando hayan trabajado sesenta días durante el año, por lo menos.

Salario igual por trabajo de igual valor. Los trabajadores no solo deben recibir un salario igual cuando realicen trabajos equivalentes o similares, sino que el salario también debe ser igual incluso cuando el trabajo sea completamente distinto, pero de igual valor, según una valoración objetiva. La igualdad se aplica a todos los trabajadores, sin distinción por motivos de raza, origen étnico, nacionalidad, condición de migrante o estado de salud, discapacidad, edad, orientación sexual o identidad de género, ni por cualquier otro motivo. Esta idea la hace patente la fracción VII del apartado A del artículo 123 de la constitución de México.

Es necesario evaluar de forma objetiva y continua si el trabajo es de igual valor y si la remuneración recibida es igual para determinar el grado en que se consigue la igualdad. Idealmente, la evaluación debe cubrir una amplia serie de funciones. En virtud de que la atención se centra en el *valor* del trabajo, los elementos de la evaluación deben incluir las competencias, las responsabilidades y el esfuerzo exigidos al trabajador, así como las condiciones de trabajo. Un ejercicio sano dentro de una empresa sería que la evaluación se basara en una comparación de los salarios de diferentes organizaciones, empresas y profesiones. Llevar a cabo una evaluación objetiva del trabajo es importante para evitar la discriminación indirecta al establecer los salarios y comparar el valor relativo de los diferentes trabajos. El principio de igual salario por trabajo de igual valor se aplica a todos los sectores, e incluso si los salarios se acuerdan a través de la negociación colectiva, debe procurarse la garantía a la igualdad por trabajo de igual valor.

Salario que proporcione condiciones de existencia digna. El salario, además de estar fuertemente relacionado con la idea de equidad e igualdad, también debe proporcionar *condiciones de existencia dignas* a los trabajadores y sus familias. Mientras que un salario equitativo e igual se determina en función del trabajo realizado por un trabajador concreto, así como en comparación con otros trabajadores, el salario que proporciona unas condiciones de existencia dignas se debe determinar en función de factores externos, como el costo de la vida y otras condiciones económicas y sociales imperantes. En este sentido, el salario debe ser suficiente para permitir al trabajador y a su familia gozar de otros derechos como la seguridad social, la atención de salud, la educación y un nivel de vida adecuado, que le permita tener acceso a alimentos, agua, saneamiento, vivienda y vestido, y cubrir gastos adicionales, como los gastos de transporte.

En este escenario es que aparece el concepto de salario mínimo, el cual, de acuerdo con la OIT (2015) es la cuantía mínima del salario que un patrón debe pagar a sus trabajadores por las prestaciones que estos hayan efectuado durante un determinado período, sin que dicha cuantía pueda ser rebajada mediante convenio colectivo ni acuerdo individual. Constituye una forma de garantizar que la remuneración proporcione unas condiciones de existencia dignas a los trabajadores y sus familias. El artículo 90 de la Ley Federal del Trabajo reconoce esta idea al señalar que el salario mínimo es la cantidad menor que debe recibir en efectivo el trabajador por los servicios prestados en una jornada de trabajo. Este salario debe ser suficiente para satisfacer las necesidades normales de un jefe de familia en el orden material, social y cultural, y para proveer la educación obligatoria de los hijos.

La Ley Federal del Trabajo recoge el interés de los trabajadores en el sentido de priorizar la adopción de un salario mínimo sujeto a revisiones periódicas que se ajuste, al menos, al costo de la vida, por lo que crea la Comisión Nacional de los Salarios Mínimos, integrada por representantes de los trabajadores, de los patrones y del gobierno, cuya principal función es fijar los salarios mínimos. Para ello, esta Comisión podrá apoyarse en las comisiones especiales de carácter consultivo que considere indispensables para el mejor desempeño de sus funciones.

Los salarios mínimos deben fijarse en atención a los requisitos de unas condiciones de existencia dignas. Los elementos que han de considerarse para fijar el salario mínimo son flexibles, pero deben ser técnicamente adecuados e incluir el nivel general de salarios del país, el costo de la vida, las cotizaciones y prestaciones de la seguridad social, y los niveles de vida relativos. Al determinar el salario mínimo, es importante tener en cuenta los salarios pagados por trabajo de igual valor en los sectores sujetos a convenios colectivos salariales, así como el nivel general de los salarios del país. También han de considerarse las necesidades de desarrollo económico y social y el logro de un alto nivel de empleo, pero estos factores no deben utilizarse para justificar un salario mínimo que no garantice unas condiciones de existencia dignas para los trabajadores y sus familias. Aunque el salario mínimo se suele congelar durante períodos de crisis económica y financiera, esta medida debe adoptarse como último recurso y con carácter temporal, teniendo en cuenta las necesidades de los trabajadores que se encuentran en situaciones vulnerables, y que se debe volver al procedimiento habitual de revisión periódica y aumento del salario mínimo lo más pronto posible.

El salario mínimo debe aplicarse sistemáticamente, protegiendo en la mayor medida posible a todas las categorías de trabajadores, incluidos los trabajadores en situaciones vulnerables.

El salario mínimo puede aplicarse de forma general o diferir en función de los sectores, las regiones, las zonas y las categorías profesionales, siempre y cuando los salarios se apliquen sin discriminación directa o indirecta y garanticen unas condiciones de existencia dignas. La fracción VI del apartado A del artículo 123 constitucional y los artículos 91, 92, 93 y 96 de la Ley Federal del Trabajo establecen que los salarios mínimos son *generales* para una o varias áreas geográficas de aplicación, que pueden extenderse a una o más entidades federativas o profesionales, para una rama determinada de la actividad económica, o para *profesiones*, oficios o trabajos especiales, dentro de una o varias áreas geográficas. En virtud de ello, los salarios mínimos generales rigen para todos los trabajadores del área o áreas geográficas de aplicación que se determinen, independientemente de las ramas de la actividad económica, profesiones, oficios o trabajos especiales. En el 2021, la Comisión Nacional de los Salarios Mínimos ha determinado que para los salarios mínimos generales hay dos grandes áreas geográficas; una de ellas es la denominada *frontera norte*, que abarca los cinco municipios de Baja California, once municipios de Sonora, ocho municipios de

Chihuahua, ocho municipios de Coahuila, un municipio de Nuevo León y diez municipios de Tamaulipas; y la otra es la llamada *resto del país*, que, como su nombre lo indica, es aplicable en todos los municipios que no forman parte de la zona de la frontera norte. Por su parte, los salarios mínimos *profesionales* rigen para todos los trabajadores de las ramas de actividad económica, profesiones, oficios o trabajos especiales que se determinen dentro de una o varias áreas geográficas de aplicación. Para 2021, la citada Comisión ha establecido salarios mínimos profesionales para 61 oficios o profesiones. Estos salarios mínimos profesionales también están divididos en las zonas geográficas antes mencionadas, por lo que, por ejemplo, el oficio de velador no tiene el mismo salario mínimo en la frontera norte y en el resto del país.

Al establecer el salario mínimo para un determinado sector o industria, no debe atribuirse un valor menor al trabajo realizado en sectores que principalmente emplean a mujeres, minorías o trabajadores extranjeros en comparación con el trabajo realizado en sectores que emplean principalmente a hombres o a nacionales. Es especialmente importante velar por que los métodos de evaluación del trabajo empleados para armonizar o ajustar los regímenes de salarios mínimos por sector o profesión no sean inherentemente discriminatorios.

La fracción VIII del apartado A del artículo 123 constitucional y el artículo 97 de la Ley Federal del Trabajo otorgan una protección al salario mínimo en el sentido de que no puede ser objeto de compensación, descuento o reducción, salvo en los casos que se trate de pago de pensiones alimenticias, abonos a crédito del INFONAVIT o INFONACOT, o pago de rentas por habitación proporcionada por el patrón.

Seguridad e higiene

La prevención de accidentes y enfermedades profesionales (riesgos de trabajo) es un componente fundamental del derecho a unas condiciones de trabajo dignas y justas, y guarda estrecha relación con otros derechos humanos, en particular con el derecho al más alto nivel posible de salud física y mental. Es de suma importancia que las empresas adopten políticas para prevenir los accidentes y daños a la salud relacionados con el trabajo a través de la reducción al mínimo de los riesgos en el entorno de trabajo, y promover que los trabajadores y sus representantes participen en la formulación, aplicación y revisión de dichas políticas. Por su parte, el gobierno debe hacer lo propio para supervisar que las empresas realicen acciones para reducir los riesgos de trabajo. Es evidente que la prevención total de los riesgos de trabajo resulta imposible, pero, como lo menciona la OIT (1981), los costos humanos y de otra índole de no adoptar medidas son muy superiores a la carga económica que representan para las empresas y el gobierno la adopción de medidas preventivas inmediatas.

Las políticas y acciones de prevención de accidentes y enfermedades profesionales son indispensables en todas las ramas de la actividad económica, incluidos los sectores formales e informales, y todas las categorías de trabajadores, incluidos los trabajadores en condiciones atípicas de empleo, los aprendices, los pasantes y los prestadores de servicio social. Las empresas deben tener en cuenta los riesgos específicos para la seguridad y la salud de las trabajadoras en caso de embarazo, así como de los trabajadores con discapacidad, sin discriminar por ningún motivo a esos trabajadores. Es muy importante que las empresas permitan a los trabajadores vigilar las condiciones de trabajo sin que se tomen represalias.

De acuerdo con el Comité-DESC (2016), cuando un gobierno o una empresa elabore e implemente políticas relacionadas a la prevención de accidentes y enfermedades de trabajo, debe considerar las siguientes esferas: diseño, ensayo, elección, reemplazo, instalación, acondicionamiento, utilización y mantenimiento de los componentes materiales de trabajo (lugares de trabajo, entorno laboral, procesos de trabajo, herramientas, maquinaria y equipo, así como sustancias y agentes químicos, físicos y biológicos); la relación entre los principales elementos de trabajo y la capacidad física y mental de los trabajadores, incluidos los requisitos ergonómicos; la formación del personal pertinente; y la protección de los trabajadores y de las organizaciones que los representan contra medidas disciplinarias cuando hayan actuado de conformidad con la ley.

Como lo sugiere Patlán (2016), las empresas deben tomar acciones específicas para la prevención de accidentes y enfermedades, dar una respuesta ante esos casos, y registrar y notificar los datos pertinentes a dichos accidentes y enfermedades; todo esto en virtud de la responsabilidad fundamental que tiene el patrón o emprendedor de proteger la salud y la seguridad de los trabajadores.

En apoyo a la prevención de los riesgos de trabajo, el gobierno y las empresas deben recopilar y difundir datos fiables y válidos sobre la gama más completa posible de accidentes y enfermedades profesionales, incluidos los accidentes de los trabajadores en los trayectos hasta o desde el lugar de trabajo. Esta recopilación de datos debe respetar los principios de derechos humanos, incluida la confidencialidad de los datos personales y médicos, y los datos deben estar desglosados por sexo u otros criterios pertinentes.

Son componentes esenciales de un entorno de trabajo seguro y saludable el acceso al agua potable y a servicios de saneamiento adecuados que respondan también a las necesidades de higiene específicas de las mujeres, así como la disponibilidad de documentación e información para promover una buena higiene. La licencia por enfermedad con goce de sueldo es fundamental para que los trabajadores con enfermedades agudas y crónicas puedan recibir tratamiento, y para evitar el contagio de otros trabajadores.

El artículo 123 constitucional (fracciones V, XIV y XV del Apartado A), la Ley Federal del Trabajo (Título Noveno) y la Ley del Seguro Social (Capítulo III) contienen disposiciones orientadas a la prevención de los riesgos de trabajo, por lo que, con apoyo de ellas, y en estricto cumplimiento de lo que establecen, deben desarrollarse investigaciones efectivas sobre la prevención de los riesgos de trabajo, hacerse realidad las sanciones en caso de infracciones a este tema, y ejercerse el derecho de las fuerzas del orden a suspender las actividades de empresas que no sean seguras. También derivado de dichas disposiciones, los trabajadores afectados por un accidente o enfermedad profesional prevenible tienen derecho a una reparación, incluido el acceso a mecanismos adecuados de reclamación, como los tribunales, para resolver las controversias. Los trabajadores que sufran un accidente o se vean afectados por una enfermedad y, cuando proceda, las personas a su cargo deben recibir una indemnización adecuada que incluya los gastos de tratamiento, la pérdida de ingresos y otros gastos, y deben tener acceso a servicios de rehabilitación.

Como se mencionó, los riesgos de trabajo son los accidentes y enfermedades a que están expuestos los trabajadores en ejercicio o con motivo del trabajo. Se considera como *accidente de trabajo* a toda lesión orgánica o perturbación funcional, inmediata o posterior, la muerte o la desaparición derivada de un acto delincuencial, siempre y cuando se hayan producido repentinamente en ejercicio o con motivo del trabajo, o en el traslado directo del domicilio al lugar de trabajo y viceversa. La *enfermedad de trabajo* es todo estado patológico derivado de la acción continuada de una causa que tenga su origen o motivo en el trabajo o en el medio en que el trabajador se vea obligado a prestar sus servicios. Las enfermedades de trabajo están determinadas por la Ley Federal del Trabajo por una tabla que actualmente contiene 161 enfermedades, pero que puede ser actualizada por la Secretaría del Trabajo y Previsión Social.

La fracción XIV del apartado A del artículo 123 constitucional y el artículo 475 Bis de la Ley Federal del Trabajo hacen responsable al patrón de la seguridad e higiene y de la prevención de los riesgos en el trabajo, por lo que tendrá que atender a las disposiciones que al respecto señalan la propia Ley, sus reglamentos y las normas oficiales mexicanas sobre el tema. Pero, aunque el patrón es responsable, los trabajadores tienen que aportar a la prevención, por lo que es su obligación observar las medidas preventivas de seguridad e higiene que establecen los reglamentos y las normas oficiales mexicanas expedidas por las autoridades del trabajo, así como las que indiquen los patrones para la prevención de riesgos de trabajo.

La responsabilidad del patrón en materia de riesgos de trabajo continua aun cuando el trabajador explícita o implícitamente asuma los riesgos de trabajo; o que el accidente ocurra por torpeza o negligencia del trabajador; o que el accidente sea causado por imprudencia o negligencia de algún compañero de trabajo o de una tercera persona. Sin embargo, esa responsabilidad queda sin efecto si el accidente ocurre encontrándose el trabajador en estado de embriaguez; o si el accidente ocurre encontrándose el trabajador bajo la acción de algún narcótico o droga enervante, salvo que exista prescripción médica y que el trabajador hubiese puesto el hecho en conocimiento del patrón y le hubiese presentado la prescripción suscrita por el médico; o si el trabajador se ocasiona intencionalmente una lesión por sí solo o de acuerdo con otra persona; o si la incapacidad es el resultado de alguna riña o intento de suicidio. Aunque el patrón no es responsable en estos casos, sí está obligado a prestar los primeros auxilios y a cuidar del traslado del trabajador a su domicilio o a un centro médico.

Las disposiciones a que se ha hecho alusión establecen una serie de obligaciones al patrón en materia de riesgos de trabajo; no obstante, hay algunas especiales que le impone el artículo 504 de la Ley Federal del Trabajo, siendo estas mantener en el lugar de trabajo los medicamentos y material de curación necesarios para primeros auxilios y adiestrar personal para que los preste; establecer una enfermería atendida por personal competente, bajo la dirección de un médico cirujano, dotada con los medicamentos y material de curación necesarios para la atención médica y quirúrgica de urgencia, cuando tenga a su servicio más de cien trabajadores; instalar un hospital, con el personal médico y auxiliar necesario, cuando tengan a su servicio más de trescientos trabajadores; celebrar contratos con sanatorios u hospitales ubicados en el lugar en que se encuentre el establecimiento o a una distancia que permita el traslado rápido y cómodo de los trabajadores, cuando no se haya instalado dentro de la empresa una enfermería o un hospital; avisar por escrito o por medios electrónicos a la Secretaría del Trabajo y Previsión Social, al Inspector del Trabajo y al juzgado laboral, dentro de las setenta y dos horas siguientes, de los accidentes que ocurran; y dar aviso escrito a las autoridades mencionadas, tan pronto se tenga conocimiento de la muerte de un trabajador por riesgos de trabajo. Aunado a estas obligaciones, el patrón o emprendedor debe organizar en la empresa las comisiones de seguridad e higiene que se juzguen necesarias, compuestas por igual número de representantes de los trabajadores y del patrón, para investigar las causas de los accidentes y enfermedades, proponer medidas para prevenirlos y vigilar que estas se cumplan.

Por último, es importante señalar que los patrones tienen la obligación de efectuar las modificaciones que ordenen las autoridades del trabajo para ajustar sus establecimientos, instalaciones o equipos a las disposiciones de la Ley Federal del Trabajo, de sus reglamentos o de las normas oficiales mexicanas en materia de seguridad y salud en el trabajo que expidan las autoridades competentes. Para hacerlo, las autoridades les otorgarán un plazo razonable, pero si transcurrido este plazo no han efectuado las modificaciones, la Secretaría del Trabajo y Previsión Social sancionará al patrón infractor, con la advertencia de una sanción mayor en caso de que no cumpla la orden dentro del nuevo plazo que se le otorgue.

Servicios preventivos de seguridad y salud. Con el propósito de contribuir a la seguridad e higiene en el trabajo, es fundamental que en una empresa se establezcan determinadas funciones y actividades relacionadas con los servicios preventivos de seguridad y salud en el trabajo para prevenir accidentes y enfermedades, razón por la cual el emprendedor y la empresa podrán apoyarse en la NORMA Oficial Mexicana NOM-030-STPS-2009, la cual establece los lineamientos a seguir en el tema.

Para que una empresa cumpla con su obligación de establecer servicios preventivos de seguridad y salud, es necesario que se designe a un responsable de seguridad y salud en el trabajo interno o externo, para que lleve a cabo las funciones y actividades relativas a tal obligación en el centro de trabajo, motivo por el cual esta persona debe tener acceso a las diferentes áreas de la empresa para identificar los factores de peligro y la exposición de los trabajadores a ellos. De igual forma, la persona designada debe tener a su disposición la información relacionada con la seguridad y salud en el trabajo de los procesos, puestos de trabajo y actividades desarrolladas por los trabajadores. Pero, sin duda, lo más importante para esta persona responsable es que la empresa le proporcione los medios y facilidades para establecer las medidas de seguridad y salud en el trabajo para la prevención de los accidentes y enfermedades laborales.

También la empresa debe contar con un diagnóstico integral o por área de trabajo de las condiciones de seguridad y salud del centro laboral. Si la empresa toma la decisión de elaborar un diagnóstico integral, este tiene que comprender las diversas áreas, secciones o procesos que conforman a la empresa; pero si la decisión es tener un diagnóstico por área de trabajo, entonces este se referirá de manera exclusiva a cada una de ellas. Con independencia del tipo de diagnóstico, de acuerdo a la NOM-030-STPS-2009, el diagnóstico debe considerar al menos la identificación de lo siguiente:

- Las condiciones físicas peligrosas o inseguras que puedan representar un riesgo en las instalaciones, procesos, maquinaria, equipo, herramientas, medios de transporte, materiales y energía.
- Los agentes físicos, químicos y biológicos capaces de modificar las condiciones del medio ambiente del centro de trabajo que, por sus propiedades, concentración, nivel y tiempo de exposición o acción, pueden alterar la salud de los trabajadores, así como las fuentes que los generan.
- Los peligros circundantes al centro de trabajo que lo puedan afectar, cuando sea posible.
- Los requerimientos normativos en materia de seguridad y salud en el trabajo que resulten aplicables.

El mencionado diagnóstico le proporciona a la empresa la información necesarias para diseñar e implementar un programa de seguridad y salud en el trabajo, el cual debe actualizarse al menos una vez al año. Sin embargo, no es obligatorio que este programa se implemente si la empresa cuenta con menos de cien trabajadores, pero sí debe elaborar, con base en el diagnóstico referido, una relación de acciones preventivas y correctivas de seguridad y salud en el trabajo, de acuerdo con las actividades que desarrollen, las cuales también deben actualizarse al menos una vez al año.

El diagnóstico citado en los párrafos anteriores, así como el contenido del programa de seguridad y salud en el trabajo o de la relación de acciones preventivas y correctivas de seguridad y salud en el trabajo, deben ser comunicadas a la Comisión de Seguridad e Higiene y/o a los trabajadores de la empresa, para que puedan actuar en consecuencia, de acuerdo a lo que establece la Ley Federal del Trabajo.

La implementación del programa de seguridad y salud en el trabajo o de la relación de acciones preventivas y correctivas de seguridad y salud en el trabajo, debe ser sujeta a un seguimiento sistemático para estar en posibilidades de generar reportes que le permitan a la empresa evaluar su desempeño, así como demostrar a la autoridad laboral tal implementación.

Poner en funcionamiento los servicios preventivos de seguridad y salud en una empresa requiere de la capacitación al personal que forme parte de tales servicios. Esta capacitación principalmente tendrá que abarcar los temas relacionados a la elaboración del diagnóstico de seguridad y salud en el trabajo; la realización del programa de seguridad y salud en el trabajo o confección de la relación de acciones preventivas y correctivas de seguridad y salud en el trabajo, priorizándolas para su atención, con base en el riesgo involucrado; el establecimiento de los mecanismos de respuesta inmediata cuando se detecte un riesgo grave e inminente; la incorporación en el programa de seguridad y salud en el trabajo o en la relación de acciones preventivas y correctivas de seguridad y salud en el trabajo, de las acciones y programas de promoción para la salud de los trabajadores y para la prevención integral de las acciones que recomienden o dicten las autoridades competentes y de las acciones para la atención de emergencias y contingencias sanitarias que recomienden o dicten también las autoridades competentes; el establecimiento de los procedimientos, instructivos, guías o registros necesarios para dar cumplimiento al programa de seguridad y salud en el trabajo o a la relación de acciones preventivas y correctivas de seguridad y salud en el trabajo; y la realización del seguimiento de los avances en la instauración del programa de seguridad y salud en el trabajo o de la relación de acciones preventivas y correctivas de seguridad y salud en el trabajo y el informe por escrito de los resultados a la empresa, al menos una vez al año.

Comisión de Seguridad e Higiene. En apartados anteriores se mencionó que en materia de seguridad e higiene, el emprendedor o la empresa deben constituir una comisión sobre el tema y, además, que el diagnóstico de las condiciones de seguridad y salud del centro laboral o la relación de acciones preventivas y correctivas de seguridad y salud debían ser comunicadas a esta comisión, por lo que se entonces debe existir la Comisión de Seguridad e Higiene en una empresa para cumplir con el respeto al derecho humano laboral a la seguridad e higiene en el trabajo.

El emprendedor y la empresa tienen la obligación de promover la constitución, integración, organización y funcionamiento de una Comisión de Seguridad e Higiene en sus instalaciones- Para ello, es importante que cumplan con los requerimientos que establece la NORMA Oficial Mexicana NOM-019-STPS-2011 sobre la Constitución, Integración, Organización y Funcionamiento de las Comisiones de Seguridad e Higiene.

La Comisión de Seguridad e Higiene es una figura que se conforma por el mismo número de representantes del patrón y de los trabajadores, de ahí que reciba en algunas ocasiones el nombre de comisión mixta. El número de representantes de cada parte dependerá del tamaño de la empresa, ya que si la empresa tiene menos de 15 trabajadores, la comisión estará integrada por un trabajador y el patrón o su representante; pero si el centro de trabajo tiene 15 trabajadores o más, entonces la comisión se integra por un coordinador, un secretario y los vocales que acuerden el patrón o sus representantes, y el sindicato o el representante de los trabajadores, en el caso de que no exista la figura sindical. Es importante mencionar que, idealmente, los representantes de los trabajadores que integren la comisión tengan conocimientos o experiencia en materia de seguridad y salud en el trabajo.

La obligación de que sea conformada en cada empresa una Comisión de Seguridad e Higiene impone, consecuentemente, una serie de obligaciones a los patrones o emprendedores y a los trabajadores. En lo que respecta al patrón, emprendedor o empresa, la formación de la comisión genera la obligación principal de constituir e integrar al menos una comisión en el centro de trabajo, de conformidad con lo dispuesto en NOM-019-STPS-2011, así como una serie de obligaciones adicionales como son designar a sus representantes para participar en la comisión; solicitar al sindicato o a los trabajadores la designación de sus representantes para participar en la comisión; contar con el acta de constitución de la comisión y de sus actualizaciones; contar con el programa anual de los recorridos de verificación que realice la comisión; contar con las actas de los recorridos de verificación realizados por la comisión; facilitar a los trabajadores el desempeño de sus funciones como integrantes de la comisión; proporcionar a la comisión el diagnóstico sobre seguridad y salud en el trabajo; apoyar la investigación de los accidentes y enfermedades de trabajo que lleve a cabo la comisión; brindar facilidades a los integrantes de la comisión para que utilicen los apoyos informáticos desarrollados por la autoridad laboral; atender y dar seguimiento a las medidas propuestas por la comisión para prevenir los riesgos de trabajo, de acuerdo con los resultados de las actas de los recorridos de verificación; difundir entre los trabajadores los trabajos y resultados de la comisión; proporcionar a los integrantes de la comisión, al menos una vez por año, capacitación para la adecuada realización de sus funciones; y exhibir ante la autoridad del trabajo los documentos que se relacionen con el funcionamiento de la comisión. Por su parte, los trabajadores tienen como principal obligación la de designar a sus representantes para participar en la comisión, así como una serie de obligaciones adicionales, entre las cuales están participar como miembros de la comisión, cuando sean designados; si fuera el caso de su designación, participar como coordinador, secretario o vocal de la comisión; proponer a la comisión medidas para prevenir accidentes y enfermedades de trabajo en el área o puesto donde desempeñan sus actividades cotidianas; proporcionar a la comisión la información que se encuentre a su alcance para la investigación de las causas de accidentes y enfermedades de trabajo; atender las medidas preventivas de seguridad y salud en el trabajo que señale el patrón y/o la comisión, de acuerdo con los resultados de las actas de los recorridos de verificación; y recibir la capacitación o adiestramiento que en materia de seguridad y salud en el trabajo les proporcione el patrón, cuando formen parte de la comisión.

En la integración de la Comisión de Seguridad e Higiene, es necesario cumplir con ciertos requisitos formales, sobre todo para evidenciar que efectivamente se ha integrado tal comisión. Estos requisitos se pueden resumir en que la integración se plasme en una acta constitutiva que contenga los datos de identificación de la empresa y de la comisión que se está integrando. Cabe mencionar que es posible integrar más de una comisión, esto en función del tamaño y la actividad de la empresa, así como de las condiciones particulares de las actividades de la misma, por lo que entonces deberán existir el mismo número de actas constitutivas que de comisiones integradas.

La Comisión de Seguridad e Higiene se organiza y opera en base a determinadas funciones que tienen que desarrollar sus integrantes, de tal suerte que el coordinador, el secretario y los vocales de la comisión, por disposición de la NOM-019-STPS-2011, tienen que realizar actividades muy específicas para que esta cumpla su objetivo. Cuando se constituye la comisión, el cargo de coordinador lo desempeñará el representante que designe el patrón, el de secretario, el representante de los trabajadores que sea designado, y los demás miembros serán nombrados vocales. Estos nombramientos tienen una vigencia de dos años, y, transcurrido dicho tiempo, los cargos de coordinador y secretario se alternarán entre los representantes del patrón y de los trabajadores, cada dos años. Como primera actividad de la comisión está la de elaborar, dentro de los treinta días naturales siguientes a su constitución, un programa anual de recorridos de verificación, el cual debe actualizarse dentro de los primeros treinta días naturales de cada año. En este programa anual se determinan las prioridades de los recorridos de verificación, con base en las áreas con mayor presencia de agentes y condiciones peligrosas o inseguras, y a partir de los incidentes, accidentes y enfermedades de trabajo. Una segunda actividad de la comisión es realizar los recorridos de verificación previstos en el programa anual, los cuales deben realizarse al menos con una periodicidad trimestral. Al finalizar cada recorrido, hay que elaborar una acta en donde se hagan constar las circunstancias en las que se realizó tal recorrido y si se identificaron agentes, condiciones peligrosas o inseguras y actos inseguros. Como tercera actividad de la comisión está la de investigar las causas de los accidentes y enfermedades de trabajo que en su caso ocurran, de acuerdo con los elementos que les proporcione el patrón y otros que estimen necesarios. La cuarta actividad fundamental de la comisión es, en base a las dos actividades previas, determinar las medidas para prevenir riesgos de trabajo, con base en lo dispuesto por las normas que resulten aplicables, haciéndoselas saber a la empresa. Y como quinta actividad de la comisión está el dar seguimiento a la instauración de las medidas que propuso para prevenir los riesgos de trabajo.

Es importante reiterarle al emprendedor y a la empresa que la integración y funcionamiento de una Comisión de Seguridad e Higiene es una obligación, por lo que es indispensable que se documente toda actividad de la misma para así demostrar su cumplimiento ante la autoridad laboral.

Factores de riesgo psicosocial. Un aspecto importante dentro de la salud en el trabajo es el relacionado a los factores psicosociales que pueden influir en el ambiente laboral. Derivado de la obligación que un emprendedor y una empresa tienen de realizar un diagnóstico de seguridad y salud en el trabajo, la cual se abordó en apartados anteriores, es posible identificar los factores de riesgo psicosocial capaces de modificar las condiciones del ambiente laboral. Estos factores pueden provocar trastornos de ansiedad, trastornos no orgánicos del ciclo sueño-vigilia, y trastornos de estrés grave y de adaptación, derivados de la naturaleza de las funciones del puesto de trabajo, el tipo de jornada de trabajo y la exposición a acontecimientos traumáticos severos o a actos de violencia laboral al trabajador, por el trabajo desarrollado. Al identificar tales factores, el emprendedor y la empresa están en la posibilidad de adoptar medidas de prevención y acciones de control que contribuyan a un entorno orgnanizacional favorable.

De acuerdo a la NORMA Oficial Mexicana NOM-035-STPS-2018 sobre factores de riesgo psicosocial en el trabajo, los factores psicosociales comprenden las condiciones peligrosas e inseguras en el ambiente de trabajo; las cargas de trabajo cuando exceden la capacidad del trabajador; la falta de control sobre el trabajo (posibilidad de influir en la organización y desarrollo del trabajo cuando el proceso lo permite); las jornadas de trabajo superiores a las previstas en la Ley Federal del Trabajo; la rotación de turnos que incluyan turno nocturno y turno nocturno sin períodos de recuperación y descanso; la interferencia en la relación trabajo-familia; y el liderazgo negativo y las relaciones negativas en el trabajo.

El tema de riesgos psicosociales genera una serie de obligaciones para el patrón, el emprendedor y la empresa, razón por la cual es importante que se consulte la NOM-035-STPS-2018. Dentro de estas obligaciones está la de establecer por escrito, implantar, mantener y difundir en la empresa una política de prevención de riesgos psicosociales. También existe la obligación de identificar y analizar los factores de riesgo psicosocial y evaluar el entorno organizacional, ya que esto permite generar información que posibilita el cumplimiento de otra obligación que consiste en adoptar las medidas para prevenir y controlar los factores de riesgo psicosocial, promover el entorno organizacional favorable, así como para atender las prácticas opuestas al entorno organizacional favorable y los actos de violencia laboral.

De igual forma, el tema de los riesgos psicosociales genera una serie de obligaciones para los trabajadores, entre ellas el observar las medidas de prevención y, en su caso, de control que se establezcan en la empresa para controlar los factores de riesgo psicosocial, y así colaborar para contar con un entorno organizacional favorable y prevenir actos de violencia laboral. También los trabajadores tienen la obligación de abstenerse de realizar prácticas contrarias al entorno organizacional favorable y actos de violencia laboral; participar en la identificación de los factores de riesgo psicosocial y, en su caso, en la evaluación del entorno organizacional; informar sobre prácticas opuestas al entorno organizacional favorable y denunciar actos de violencia laboral, utilizando los mecanismos que establezca la empresa para tal efecto y/o a través de la Comisión de Seguridad e Higiene; informar por escrito a la empresa directamente, a través de los servicios preventivos de seguridad y salud en el trabajo o de la Comisión de Seguridad e Higiene, haber presenciado o sufrido un acontecimiento traumático severo; participar en los eventos de información que proporcione la empresa; y someterse a los exámenes médicos y evaluaciones psicológicas que determina la empresa.

Como se ha mencionado, la identificación y el análisis de los factores de riesgo psicosocial es una obligación que debe cumplir la empresa. Para ello, la identificación y el análisis deben realizarse cada dos años y contemplar las condiciones en el ambiente de trabajo señaladas anteriormente, es decir, las cargas de trabajo; la falta de control sobre el trabajo; las jornadas de trabajo y rotación de turnos que exceden lo establecido en la Ley Federal del Trabajo; la interferencia en la relación trabajo-familia; el liderazgo negativo y las relaciones negativas en el trabajo; y la violencia laboral.

De igual forma, es una obligación para la empresa evaluar el entorno organizacional cada dos años, lo que debe comprender el sentido de pertenencia de los trabajadores a la empresa; la formación para la adecuada realización de las tareas encomendadas; la definición precisa de responsabilidades para los trabajadores; la participación proactiva y comunicación entre el patrón, sus representantes y los trabajadores; la distribución adecuada de cargas de trabajo, con jornadas laborales regulares; y la evaluación y el reconocimiento del desempeño.

La identificación y el análisis de los factores de riesgo psicosocial y la evaluación del entorno organizacional deben integrarse al diagnóstico de seguridad y salud en el trabajo al que se hizo alusión en el apartado anterior. Asímismo, el resultado de ambos debe constar en un informe que deberá estar a disposición de los trabajadores y de la autoridad laboral.

El emprendedor y la empresa, una vez que conocen los resultados mencionados, deben actuar en dos sentidos; por un lado, establecer acciones para la prevención de los factores de riesgo psicosocial y la violencia laboral, así como para la promoción del entorno organizacional favorable, y por el otro, desarrollar acciones de control a través de un programa para la atención de los factores de riesgo psicosocial, y en su caso, para propiciar un entorno organizacional favorable y prevenir actos de violencia laboral.

Con el fin de demostrar a la autoridad laboral y a los trabajadores que se cumple con las obligaciones relacionadas a los riesgos psicosociales, es importante que la empresa documente y resguarde toda la evidencia que se genera en cuanto a la identificación y el análisis de los factores de riesgo psicosocial y la evaluación del entorno organizacional, así como de las acciones tomadas para prevenir y/o controlar dichos factores de riesgo.

Promoción o ascenso y capacitación

Las condiciones de trabajo dignas y justas también implican que todos los trabajadores tengan derecho a las mismas oportunidades de promoción o ascenso mediante procedimientos que sean equitativos, transparentes, basados en el mérito, y que respeten los derechos humanos. Con el fin de garantizar la igualdad de oportunidades para todos, el Comité-DESC (2016) recomienda que los patrones utilicen procedimientos en los que los criterios que se apliquen tengan relación con el tiempo de servicio del trabajador, con su capacidad, con la evaluación de sus circunstancias individuales, así como su rol y experiencias. Los procedimientos que incluyen criterios como las preferencias personales o los vínculos familiares, políticos y sociales, son considerados como contrarios a los propósitos de igualdad.

Los trabajadores deben tener la oportunidad de ser promovidos o ascendidos aun si han participado en actividades sindicales o políticas. La igualdad de oportunidades en la promoción o ascenso tiene que ver con que no sean discriminatorias. Para Quintana (2017), esto es sumamente importante en el caso de las mujeres, los trabajadores con discapacidad, los trabajadores de determinadas minorías étnicas, nacionales y de otra índole, los trabajadores que forman parte de la comunidad LGTBI, los trabajadores de edad y los trabajadores indígenas.

La igualdad en la promoción o ascenso requiere que los patrones y emprendedores analicen cuáles son los obstáculos directos e indirectos que la impiden; así como introducir medidas tales como la *capacitación* e iniciativas para conciliar las responsabilidades laborales y familiares, por ejemplo, servicios asequibles de guardería y de atención a adultos dependientes.

Preferencia, antigüedad y promoción. El artículo 154 de la Ley Federal del Trabajo señala los criterios que los patrones y emprendedores deben considerar para contratar o promover a un trabajador. Bajo estos criterios, la empresa está obligada a preferir, en igualdad de circunstancias, a los trabajadores mexicanos respecto de quienes no lo sean, a quienes les hayan servido satisfactoriamente por mayor tiempo, a quienes no teniendo ninguna otra fuente de ingreso económico tengan a su cargo una familia, a los que hayan terminado su educación básica obligatoria, a los *capacitados* respecto a los que no lo estén, a los que tengan *mayor aptitud y conocimientos* para realizar un trabajo y a los sindicalizados respecto de quienes no lo estén.

Para que a un trabajador le sea respetado esa preferencia o tenga la posibilidad de ser promovido, tiene que realizar una solicitud a la empresa para ocupar un puesto vacante o de nueva creación. En esta solicitud debe indicar su domicilio y nacionalidad, si tiene a su cargo una familia y quiénes dependen económicamente de él, si trabajó en la empresa con anterioridad y por cuánto tiempo, la naturaleza del trabajo que desempeña y el nombre del sindicato al que pertenezca, si así fuera el caso; o, si lo prefiere, presentarse a la empresa al momento de ocurrir la vacante o de crearse el puesto, y expresar que solicita ser considerado para ese puesto, exponiendo las razones por las que se le debe preferir.

Como consecuencia de lo anterior, los artículos 159 y 160 de la Ley Federal del Trabajo establecen que las vacantes definitivas, las vacantes provisionales y los puestos de nueva creación deben ser cubiertos por el trabajador que tenga la categoría o rango inmediato inferior, así como mayor capacitación, mayor antigüedad, que demuestre mayor aptitud, acredite mayor productividad y sea apto para el puesto.

Al ser la antigüedad uno de los criterios para la promoción de los trabajadores, es importante entonces que se asegure a los trabajadores un mecanismo que les permita determinarla; por ello, el artículo 158 de la Ley Federal del Trabajo prescribe que todo tipo de trabajador que labore en una empresa tiene derecho a que se le determine su antigüedad, para lo cual se debe poner en marcha, dentro de la empresa, una comisión que esté integrada por representantes de los trabajadores y del patrón, y cuyo propósito sea formular y publicar un cuadro general de las antigüedades, caracterizado por tener una distribución por categorías de cada profesión u oficio.

Este cuadro de antigüedades, además de ser importante para el proceso de promoción de un trabajador, se convierte en la llave para otro derecho que contempla la Ley Federal del Trabajo: la *prima de antigüedad*. En su artículo 162, la ley define que este derecho lo tienen solo los trabajadores de planta, y consiste en pagar al trabajador doce días de salario por cada año de servicios; sin embargo, el pago de esta prestación tiene algunas consideraciones. La primera de ellas es que la prima de antigüedad se pagará a los trabajadores que renuncien a su empleo, siempre que hayan cumplido quince años de servicios, por lo menos, por lo que, si el trabajador renuncia antes de tener quince años de antigüedad, no tendrá derecho al pago de la prima de antigüedad. La segunda consideración es que el trabajador recibirá su prima de antigüedad, con independencia de sus años de servicio, si su relación de trabajo finaliza como consecuencia de cualquier tipo de rescisión. Una tercera consideración es que los trabajadores que se jubilen deben recibir el pago de la prima en el momento de su jubilación. Si el trabajador fallece, una cuarta consideración establece que, cualquiera que sea su antigüedad, la prima que le corresponda se les pagará a sus beneficiarios. Por último, es relevante mencionar que la prima de antigüedad es una prestación independiente de cualquier otra a la que tenga derecho el trabajador, por lo que debe pagarse directamente al trabajador o a sus beneficiarios, en los casos que así corresponda.

Capacitación y adiestramiento. Como se ha mencionado, la capacitación es un criterio que influye en la igualdad de oportunidades para la promoción o ascenso de un trabajador, de ahí su relevancia dentro de las condiciones de trabajo dignas y justas. La capacitación le permite al trabajador aumentar su competencia laboral y su productividad, lo que en un momento determinado le facilita la oportunidad de ser promovido o ascendido dentro de su trabajo, elevando, consecuentemente, su nivel de vida.

Esta relevancia de la capacitación dentro de las condiciones de trabajo es recogida por la fracción XIII del apartado A del artículo 123 constitucional, al imponerle a todas las empresas la obligación de proporcionar a sus trabajadores capacitación o adiestramiento para el trabajo, obligación que reiteran los artículos 153-A y 153-D de la Ley Federal del Trabajo, pero, además, agrega que los trabajadores tienen la obligación de recibirla, por lo que, para un trabajador, el ser capacitado o adiestrado constituye al mismo tiempo un derecho y una obligación. Esta obligación significa que los trabajadores deben asistir puntualmente a los cursos, sesiones de grupo y demás actividades que formen parte del proceso de capacitación o adiestramiento; atender las indicaciones de las personas que impartan la capacitación o adiestramiento, y cumplir con los programas respectivos; y presentar los exámenes de evaluación de conocimientos y de aptitud o de competencia laboral que sean requeridos.

De acuerdo con los artículos 153-B y 153-C de la Ley Federal del Trabajo, la capacitación debe tener por objeto la preparación de los trabajadores de nuevo ingreso y de todos aquellos que, trabajando en la empresa, se interesen por ocupar vacantes o puestos de nueva creación en la misma empresa. Incluso los programas que se proporcionen para que los trabajadores inicien, continúen o completen ciclos escolares de los niveles básicos, medio o superior se consideran como capacitación. El propósito del adiestramiento es diverso, lo que implica que en una empresa pueden implementarse programas de adiestramiento para actualizar y perfeccionar los conocimientos y habilidades de los trabajadores y proporcionarles información para que puedan aplicar en sus actividades las nuevas tecnologías que los empresarios deben implementar para incrementar la productividad en las empresas; o para informar a los trabajadores sobre los riesgos y peligros a que están expuestos durante el desempeño de sus labores, así como las normas contenidas en el reglamento y las normas oficiales mexicanas en materia de seguridad, salud y medio ambiente de trabajo que les son aplicables, a fin de prevenir riesgos de trabajo; o para poner en marcha cursos para incrementar la productividad. En el rubro del adiestramiento tiene cabida cualquier plan y programa que mejore el nivel educativo, la competencia laboral y las habilidades de los trabajadores.

La empresa debe ponerse de acuerdo con los trabajadores agrupados para formular los planes y programas que deberán diseñarse y seguirse para poder llevar a cabo la capacitación o el adiestramiento. Todos los planes y programas deben tener como propósito que los trabajadores puedan elevar su nivel de vida, su competencia laboral y su productividad. No existe una limitación en cuanto a la cobertura de los planes y programas, ya que pueden formularse respecto de cada establecimiento, una empresa, varias de ellas o en relación a una rama industrial o actividad determinada. Estos planes y programas podrán desarrollarse dentro o fuera de la empresa, preferentemente dentro del horario de trabajo, salvo que, atendiendo a la naturaleza de los servicios, patrón y trabajador convengan que podrá impartirse de otra manera, o en el caso en que el trabajador desee capacitarse en una actividad distinta a la de la ocupación que desempeñe, la capacitación se realizará fuera de la jornada de trabajo. En el supuesto de que en la empresa haya un contrato colectivo, este debe incluir cláusulas relativas a la obligación patronal de proporcionar capacitación y adiestramiento a los trabajadores. Además, podrá consignarse en los propios contratos el procedimiento conforme al cual el patrón capacitará y adiestrará a quienes pretendan ingresar a laborar en la empresa, tomando en cuenta, en su caso, la cláusula de admisión.

Los cursos a través de los cuales se desarrollan los planes y programas de capacitación y adiestramiento pueden estar conducidos por personal de la propia empresa o por instructores especialmente contratados, instituciones, escuelas u organismos especializados, o incluso adherirse a los sistemas generales que ya estén establecidos. Si los cursos van a ser conducidos por instituciones, escuelas u organismos especializados, así como instructores independientes, estos deberán estar autorizados y registrados por la Secretaría del Trabajo y Previsión Social (STPS). Debe cumplirse el mismo requisito para el personal docente de las instituciones, escuelas u organismos. Para que una persona o institución pueda estar autorizada por la STPS, deben comprobar que están preparados profesionalmente en la rama industrial o actividad en que impartirán sus conocimientos, acreditar tener conocimiento sobre los procedimientos tecnológicos propios de la rama industrial o actividad en la que pretendan impartir la capacitación o adiestramiento, y no tener ningún tipo de relación con personas o instituciones que propaguen algún credo religioso.

Las empresas tienen la obligación de elaborar los planes y programas de capacitación y adiestramiento dentro de los sesenta días hábiles siguientes al inicio de las operaciones en dicha empresa. Estos planes y programas no deben tener una duración mayor a dos años; deben comprender todos los puestos y niveles que existen en la empresa; deben especificar los períodos durante los cuales se impartirá la capacitación y el adiestramiento al total de los trabajadores de la empresa; deben indicar el procedimiento de selección a través del cual se establecerá el orden en que serán capacitados los trabajadores de un mismo puesto y categoría; y deben basarse en normas técnicas de competencia laboral, si las hubiere, para los puestos de trabajo de que se trate. Es una obligación de las empresas conservar los planes y programas de capacitación, adiestramiento y productividad que se hayan realizado o acordado establecer, o, en su caso, las modificaciones que se hayan convenido acerca de planes y programas ya implantados, para que, en su momento, si así se requiriera, las autoridades del trabajo los revisen.

Una vez que los trabajadores aprueben sus exámenes de capacitación y adiestramiento, tienen derecho a que se les expidan las constancias respectivas. Cabe la posibilidad de que, cuando se haya implantado un programa de capacitación, un trabajador se niegue a recibirla, por considerar que tiene los conocimientos necesarios para el desempeño de su puesto y del inmediato superior, por lo que entonces debe probar con documentos que adquirió tal competencia laboral o presentar y aprobar el examen de suficiencia respectivo ante quien desarrolle el programa de capacitación y así obtener la ***constancia de competencia o de habilidades laborales***. La constancia de competencias o de habilidades laborales es el documento con el cual el trabajador acreditará haber llevado y aprobado un curso de capacitación, una copia de la cual es enviada por la empresa a la STPS. La obtención de las constancias es importantísima para el trabajador, ya que le permiten demostrar su competencia o habilidad para fines de ascenso o promoción dentro de la empresa en que se haya proporcionado la capacitación o adiestramiento. Los certificados de terminación de estudios también pueden considerarse como documentos que prueban la competencia o habilidad, siempre y cuando dichos estudios se hubiesen registrado como programa de capacitación o adiestramiento.

Además de los programas de capacitación y adiestramiento, los artículos 153-I y 153-J de la Ley Federal del Trabajo establecen que pueden desarrollarse ***programas de productividad*** para incrementar, entre otros rubros, el bienestar de los trabajadores y la distribución equitativa de los beneficios de la empresa. La productividad es entendida como el resultado de optimizar los factores humanos, materiales, financieros, tecnológicos y organizacionales que concurren en la empresa con el fin de promover su competitividad y sustentabilidad, mejorar su capacidad, su tecnología y su organización, incrementar los ingresos, el bienestar de los trabajadores y distribuir equitativamente sus beneficios. Al igual que en la capacitación y el adiestramiento, debe darse la oportunidad a los trabajadores o a sus representantes de que participen en la formulación de dichos programas. Los programas de productividad benefician a los trabajadores ya que, como consecuencia de ello, se mejoran las prácticas tecnológicas y organizativas, aumentan los sistemas de coordinación entre trabajadores, se enriquecen las condiciones de trabajo y las medidas de seguridad e higiene, y hacen posible que se determinen en forma y monto apropiados los incentivos, bonos o comisiones derivados de la contribución de los trabajadores a la elevación de la productividad.

Las autoridades del trabajo son las responsables de vigilar el cumplimiento de los programas de capacitación y adiestramiento, pero, además, en el caso de las empresas que tengan más de cincuenta trabajadores, debe constituirse una Comisión Mixta de Capacitación, Adiestramiento y Productividad, que se integra por igual número de representantes de los trabajadores y de los patrones. Está comisión es responsable, de acuerdo con los artículos 153-E y 153-F de la Ley Federal del Trabajo, de vigilar, instrumentar, operar y mejorar los sistemas y los programas de capacitación y adiestramiento. También está facultada para proponer los cambios necesarios en la maquinaria, los equipos, la organización del trabajo y las relaciones laborales, de conformidad con las mejores prácticas tecnológicas y organizativas que incrementen la productividad en función de su grado de desarrollo actual. De igual forma, puede proponer medidas para impulsar la capacitación, medir y elevar la productividad, así como garantizar el reparto equitativo de sus beneficios. El vigilar el cumplimiento de los acuerdos de productividad es parte de su responsabilidad. Asimismo, resolver las objeciones que, en su caso, presenten los trabajadores con motivo de la distribución de los beneficios de la productividad.

Cuando el patrón, el emprendedor o la empresa no cumplan con la obligación de conservar a disposición de las autoridades laborales los planes y programas de capacitación y adiestramiento, o cuando dichos planes y programas no se lleven a la práctica, serán sancionados conforme a lo que dispone la Ley Federal del Trabajo.

Jornada de trabajo

La limitación de las horas de trabajo ayuda a los trabajadores a mantener un equilibrio adecuado entre sus responsabilidades profesionales, familiares y personales, así como a evitar el estrés, los accidentes y las enfermedades relacionados con el trabajo. También contribuye a hacer efectivos otros derechos humanos reconocidos a nivel internacional, por lo que los países tienen la obligación de establecer normas mínimas en relación con la jornada de trabajo, las cuales deben respetarse y no pueden reducirse alegando motivos económicos o de productividad. El establecimiento de límites máximos a la jornada de trabajo es un derecho que se encuentra reconocido en el artículo 123 de la Constitución Mexicana, el artículo 7º del Pacto Internacional de Derechos Económicos Sociales y Culturales, el artículo 7º del Protocolo de San Salvador, y los Convenios 1 y 30 de la OIT.

Con el propósito de respetar el derecho a condiciones de trabajo dignas y justas, se hace necesario que los días de trabajo dedicados a cualquier tipo de actividades se limite a un número determinado de horas. Si bien el límite diario general (sin contar las horas extras), de acuerdo con las normas internacionales, *debe ser de ocho horas*, este estándar tiene que considerar las complejidades del lugar de trabajo y permitir cierta flexibilidad, en función, por ejemplo, de los diferentes tipos de modalidades de trabajo, como el trabajo por turnos, los turnos laborales consecutivos, el trabajo en situaciones de emergencia y las modalidades de trabajo flexibles. Sin embargo, de acuerdo con el Comité-DESC (2016), estas excepciones no deben quedar al arbitrio del patrón, sino que deben estar estrictamente limitadas y ser objeto de consultas con los trabajadores y las organizaciones que los representan. En los casos en que por interpretación de la norma laboral se permitan jornadas de trabajo más largas, los patrones deben compensar esas jornadas con otras más cortas, de modo que el promedio de horas de trabajo en un mes no exceda el principio general de ocho horas por día. En el cálculo de las horas de trabajo debe tenerse en cuenta el tiempo en que los trabajadores tengan que estar de guardia o localizables.

Existe un consenso internacional en cuanto a que la legislación laboral debe establecer el número máximo de horas diarias de trabajo, el cual, como se comentó anteriormente, puede variar en función de las exigencias de las diferentes actividades laborales, pero no debe superar lo que se considera una *jornada de trabajo máxima razonable*. De acuerdo con Canessa (2009), las normas laborales deben tener especial cuidado en que las medidas que establezcan para ayudar a los trabajadores a conciliar el trabajo con las responsabilidades familiares no refuercen los estereotipos de que los hombres son el principal sostén de la familia y las mujeres deberían asumir la responsabilidad principal de ocuparse del hogar. Tanto los hombres como las mujeres que trabajan y tienen responsabilidades familiares deben beneficiarse de las medidas que las normas laborales conceden.

El número de horas de trabajo por semana también debe estar limitado mediante la legislación. En el establecimiento de esta limitación, las normas tienen que aplicar los mismos criterios que se establecieron para los límites diarios de horas de trabajo. No tiene por qué existir diferenciación en tal limitación debido al sector en el que se presta el trabajo o por el tipo de trabajo. En la actualidad, se estima que lo recomendable es que la semana de trabajo sea de 40 horas, pero esto es una decisión que cada país debe tomar al regular la jornada laboral. En el caso de México, la jornada semanal máxima de trabajo permitida es de 48 horas. La legislación debe permitir cierta flexibilidad para sobrepasar el número limitado de horas de trabajo por semana, en función de las distintas modalidades y sectores de trabajo, aunque la regla general es que el número promedio de horas semanales se ajuste a la semana estándar de trabajo legalmente establecida. Cuando por razones justificadas deba extenderse el número de horas a trabajar en una semana, los trabajadores deben recibir una remuneración adicional por las horas extra que superen el máximo de horas de trabajo permitidas por semana.

En México, de acuerdo con la fracción I del Apartado A del artículo 123 de la constitución federal, la duración máxima del tiempo diario que el trabajador está a disposición del patrón o la empresa para prestar su trabajo es de ocho horas, esto es, la jornada máxima de trabajo diario no puede rebasar las ocho horas. Esta jornada de trabajo se puede desarrollar en el horario que de común acuerdo fijen el trabajador y la empresa; sin embargo, ambos deben tomar en cuenta las especificaciones que establecen los artículos 60 y 61 de la Ley Federal del Trabajo:

- La jornada diurna es la comprendida entre las seis y las veinte horas. La duración máxima de esta jornada es de ocho horas.
- La jornada nocturna es la comprendida entre las veinte y las seis horas. La duración máxima de esta jornada es de siete horas.

- La jornada mixta es la que comprende períodos de tiempo de las jornadas diurna y nocturna, siempre que el período nocturno sea menor de tres horas y treinta minutos, pues si comprende tres horas y treinta minutos o más, se considera como jornada nocturna. La duración máxima de esta jornada es de siete horas y treinta minutos.

Sin embargo, los trabajadores y el patrón tienen la posibilidad de repartir las horas de trabajo, a fin de permitir a los primeros el reposo del domingo o cualquier modalidad equivalente. La distribución de la jornada de trabajo se puede hacer de forma continua o discontinua, respetando en todo momento las limitaciones de tiempo que correspondan. La jornada es continua cuando el trabajador labora toda su jornada de manera ininterrumpida; cuando esto sucede, la Ley Federal del Trabajo le permite un descanso de treinta minutos, los cuales se tomarán en cuenta como tiempo trabajado. La jornada es discontinua cuando el trabajador interrumpe sus labores por más de treinta minutos para descansar o alimentarse; en este caso dicho tiempo no forma parte de la jornada, por lo que el trabajador debe cumplir con la jornada pactada. Como ejemplo se pueden comparar dos situaciones; en la primera de ellas, un trabajador que tiene establecida su jornada continua inicia sus labores a las 8:00 horas y las termina a las 16:00 horas, teniendo dentro de ese horario un descanso de treinta minutos tomado de las 12:00 a las 12:30 horas; en la otra situación, un trabajador cuya jornada de trabajo es discontinua, inicia sus labores a las 8:00 horas y las termina a las 17:00 horas, esto debido a que de las 13:00 a las 14:00 horas tomó una hora para descansar e ingerir sus alimentos. En la primera situación, el tiempo de descanso se considera como tiempo trabajado, mientras que en la segunda situación el tiempo de descanso y alimentos interrumpe la jornada, la cual se reanuda una vez que el tiempo tomado finaliza. No obstante, en esta última situación, si el trabajador no puede salir de su lugar de trabajo para tomar su descanso o alimentarse (por razones de seguridad en la empresa, por la localización de la empresa, etc.), entonces sí se considerará dicho tiempo como tiempo trabajado, por lo que entonces su jornada de trabajo, a pesar de ser discontinua, tendrá el mismo horario que la continua, de las 8:00 a las 16:00 horas.

La jornada de trabajo puede extenderse de los tiempos señalados por la Ley Federal del Trabajo, pero solo por razones extraordinarias o en los casos de siniestro o riesgo inminente en que peligre la vida del trabajador, de sus compañeros o del patrón, o la existencia misma de la empresa. A esta extensión de la jornada coloquialmente se le conoce como *tiempo extra*. A pesar de estar permitida esta extensión en los artículos 65 y 66 de la Ley Federal del Trabajo, es necesario reconocer que tienen consecuencias distintas. En el caso de las situaciones extraordinarias, la norma laboral limita el tiempo de extensión de la jornada a tres horas diarias y nueve horas a la semana, además de que se le concede al trabajador el derecho a recibir por cada hora extra de trabajo una cantidad de dinero equivalente al ciento por ciento más de lo que percibiría por una hora trabajada en horario común, en otras palabras, la hora extra se le paga doble. Para el caso de tiempo extra trabajado con motivo de un siniestro o un peligro inminente, no hay limitación de tiempo, esto en virtud de que el trabajador tiene la responsabilidad de colaborar el tiempo que sea necesario hasta que el siniestro o el peligro ya no ponga en riesgo la propia vida del trabajador, la de sus compañeros o la del patrón, o la existencia misma de la empresa. A diferencia del supuesto anterior, en este caso, al trabajador se le debe pagar el tiempo extra trabajado, pero con un salario equivalente al que recibe por trabajar en un horario normal.

Cabe señalar que, en el caso del trabajo por tiempo adicional que se origina por razones extraordinarias, los trabajadores no están obligados a trabajarlo más allá de nueve horas a la semana, pero si esto sucediera, entonces el trabajador tiene el derecho a que el patrón, a partir de la décima hora extra a la semana, se la pague al triple (un doscientos por ciento más del salario que corresponda a las horas de la jornada).

Descanso y vacaciones

Al igual que la limitación de las horas de trabajo, el descanso, el disfrute del tiempo libre y las vacaciones periódicas pagadas ayudan a los trabajadores a mantener un equilibrio adecuado entre las responsabilidades profesionales, familiares y personales, y a evitar los riesgos en el trabajo. El derecho al descanso y a las vacaciones se encuentra reconocido en el artículo 123 de la Constitución Política de los Estados Unidos Mexicanos, el artículo 7° del Pacto Internacional de Derechos Económicos Sociales y Culturales, el artículo 7° del Protocolo de San Salvador, y los Convenios 14 y 106 de la OIT.

Descanso diario. El descanso durante el día es importante para la salud y la seguridad de los trabajadores, por lo que deben preverse y protegerse los períodos de descanso durante la jornada de trabajo. Para el Comité-DESC (2016), las normas laborales deben establecer períodos de descanso obligatorios para los trabajadores que utilicen maquinaria o realicen tareas que puedan afectar su vida y su salud o las de otras personas. De igual forma, deben incluir disposiciones específicas sobre los períodos de descanso para los trabajadores nocturnos y reconocer determinadas situaciones, como las de las mujeres embarazadas o las lactantes, que pueden requerir períodos de descanso específicos para amamantar a sus hijos, o la de los trabajadores que siguen un tratamiento médico. Los períodos de descanso diario deberían tener en cuenta las posibilidades que ofrecen las modalidades de trabajo flexibles que permiten jornadas laborales prolongadas a cambio de un día adicional de descanso en un período semanal o quincenal.

Descanso semanal y descanso obligatorio. Los Convenios sobre el Descanso Semanal 14 y 106 de la OIT señalan que todos los trabajadores deben gozar de períodos de descanso semanal, en principio de al menos 24 horas consecutivas por cada período de 7 días, aunque 2 días consecutivos de descanso para los trabajadores es preferible, por regla general, para su salud y seguridad. Se sugiere que los días de descanso se acomoden a las costumbres y tradiciones del país o la región y de los trabajadores en cuestión, así como concederse simultáneamente a todo el personal de la empresa o el lugar de trabajo.

Ambos convenios de la OIT plantean la posibilidad de permitirse excepciones temporales a lo señalado anteriormente sobre los días de descanso en ciertos casos, como cuando hay accidentes, por casos de fuerza mayor, en situaciones de trabajo urgentes y aumentos extraordinarios de trabajo, para evitar la pérdida de materias perecederas, o cuando la naturaleza del servicio prestado requiera trabajar en los días que suelen ser de descanso, por ejemplo, en el sector del comercio al por menor durante el fin de semana. En esos casos, los trabajadores tendrían que recibir, en la medida de lo posible, un descanso compensatorio de al menos 24 horas dentro del período laboral de 7 días. Ambos convenios recomiendan que las excepciones deben acordarse mediante consultas con los trabajadores y los empleadores y las organizaciones que los representan.

Con respecto a los días de descanso, la Ley Federal del Trabajo, en sus artículos 69 al 75 establece la reglamentación que como mínimo debe seguirse dentro de las condiciones de trabajo dignas y justas. En este sentido, señala que, por cada seis días de trabajo, el trabajador debe disfrutar de un día de descanso, por lo menos, con goce de salario íntegro. El día de descanso, aunque tradicionalmente se asume que es el domingo, no está prescrito por la Ley, por lo que, en los trabajos que requieran una labor continua, los trabajadores y el patrón fijarán de común acuerdo los días en que los trabajadores deban disfrutar de los correspondientes al descanso semanal, por lo que, si esto no fuera el caso, entonces se procurará que el día de descanso semanal sea el domingo. Es importante precisar que entonces hay dos supuestos. El primero es que el trabajador tenga como día de descanso un día distinto al domingo, por lo que entonces tendrá que trabajar en domingo y, si así lo hace, tendrá derecho a una prima adicional de un veinticinco por ciento, por lo menos, sobre el salario de los días ordinarios de trabajo. El segundo supuesto es que el día de descanso del trabajador sea el domingo y que, por alguna razón, tenga que trabajarlo; en ese caso, el trabajador tendrá que recibir un salario doble por trabajar en su día de descanso.

Generalmente, cuando se aborda el tema del día de descanso semanal, surge la pregunta de si el trabajador tiene derecho a un día de descanso si no trabajó uno o varios días en la semana previa. Ante esta situación, el artículo 72 de la Ley Federal de Trabajo señala que el trabajador gozará del día de descanso; lo que no va a suceder es que le paguen completo el día, sino que le pagarán en proporción a los días trabajados, es decir, si trabajó cinco días y no seis, entonces al pago del día de descanso se le restará una sexta parte, la cual es equivalente al día que no trabajó.

Los trabajadores no están obligados a prestar sus servicios en sus días de descanso. Si no se cumple esta disposición, el patrón debe pagar al trabajador, independientemente del salario que le corresponda por el descanso, un salario doble por el servicio prestado. Esta misma situación se dará cuando el trabajador labore en los días de descanso obligatorio.

Otra faceta del descanso son los días de descanso obligatorio, días en que todos los trabajadores no tendrán la obligación de trabajar, pero sí tendrán derecho a recibir el pago del salario por dichos días. Los días de descanso obligatorio los establece la Ley Federal del Trabajo en razón, básicamente, de conmemorar una fecha importante para México; sin embargo, si un patrón, por circunstancias propias de su empresa, decide conmemorar otros días además de los que marca la Ley, lo podrá hacer, en el entendido de que los trabajadores deben recibir su salario por esos días, aunque no laboren. El artículo 74 de la Ley Federal del Trabajo señala que los días de descanso obligatorio son:

- El 1º. de enero.
- El primer lunes de febrero en conmemoración del 5 de febrero.
- El tercer lunes de marzo en conmemoración del 21 de marzo.
- El 1º. de mayo.

- El 16 de septiembre.
- El tercer lunes de noviembre en conmemoración del 20 de noviembre.
- El 1°. de diciembre de cada seis años, cuando corresponda a la transmisión del Poder Ejecutivo Federal.
- El 25 de diciembre.
- El que determinen las leyes federales y locales electorales, en el caso de elecciones ordinarias, para efectuar la jornada electoral.

Si por razones de la operación propia de la empresa es necesario que se realicen actividades en los días de descanso obligatorio y, en consecuencia, laboren los trabajadores, los empleados y los patrones deben determinar el número de trabajadores que tienen que prestar sus servicios. Una vez que se determine qué trabajadores tienen que laborar, los empleados quedan obligados a prestar los servicios y tienen el derecho a que se les pague, independientemente del salario que les corresponda por el descanso obligatorio, un salario doble por el servicio prestado.

Aunque la Ley Federal del Trabajo no lo señala expresamente, los criterios internacionales y nacionales en materia de trabajo prescriben que no deben establecerse requisitos para gozar de los días de descanso obligatorio, lo que significaría, por ejemplo, que, si un trabajador tiene un día trabajando en la empresa, y el día siguiente es día de descanso obligatorio, entonces deberá gozarlo. Además, tales criterios estipulan que los días de descanso obligatorio no deben contarse como parte de las vacaciones anuales, por lo que, si un trabajador gozó de todos los días de descanso obligatorio en el año, aun así debe gozar del período completo de vacaciones que le corresponde.

Vacaciones. De acuerdo con el Convenio 132 de la OIT sobre las Vacaciones Pagadas, todos los trabajadores, incluidos los trabajadores a tiempo parcial y los trabajadores temporales, deben tener vacaciones anuales pagadas. Dicho convenio establece que las leyes laborales de un país deben prever el derecho, como mínimo, a tres semanas de trabajo de vacaciones pagadas por un año de servicio a tiempo completo y que, en dicho período, deberían recibir al menos el salario normal por el período correspondiente de vacaciones. Es importante señalar que este Convenio 132 no ha sido ratificado por México, razón por la cual hay una diferencia entre lo que señala tal convenio y las leyes de nuestro país, como veremos más adelante. El Convenio 132 también estipula que la legislación laboral de un país también debe especificar los requisitos mínimos de servicio, que no debe superar los seis meses, para las vacaciones pagadas. En esas situaciones, el trabajador debería disfrutar, no obstante, de vacaciones pagadas proporcionales al período de empleo. Por último, el referido instrumento internacional especifica que las licencias por enfermedad u otros motivos justificados no deben deducirse de las vacaciones anuales pagadas.

Por su parte, el Comité-DESC (2016) recomienda a los países que los trabajadores a tiempo parcial deben tener vacaciones anuales pagadas equivalentes a las de los trabajadores a tiempo completo equiparables, y proporcionales a las horas de trabajo. El hecho de no incluir a los trabajadores a tiempo parcial en el ámbito de aplicación de la legislación de un país dará lugar a desigualdades entre hombres y mujeres cuando una proporción mayor de mujeres recurra al trabajo a tiempo parcial, por ejemplo, al volver al trabajo después de una licencia por maternidad.

El momento en que se tomen las vacaciones anuales pagadas debe ser producto de una decisión negociada entre el empleador y el trabajador; no obstante, es importante que se establezca un período mínimo ininterrumpido de vacaciones anuales pagadas, idealmente, de una semana. Este derecho es irrenunciable, por lo que no se puede cambiar por una compensación, aunque en la práctica hay muchas empresas y trabajadores que lo hacen. En el caso de que una relación de trabajo termine, procede que se les conceda a los trabajadores el período de vacaciones anuales proporcionales que no han gozado o una compensación alternativa equivalente al mismo salario de días de vacaciones.

La Ley Federal del Trabajo señala, en su artículo 76, que los trabajadores que tengan más de un año de servicios disfrutarán de un período anual de vacaciones pagadas, que en ningún caso podrá ser inferior a seis días laborables, y que aumentará en dos días laborables, hasta llegar a doce, por cada año subsecuente de servicios. Después del cuarto año, el período de vacaciones aumentará en dos días por cada cinco de servicios. Este precepto, por un lado, deja claro que, si el trabajador no ha trabajado al menos un año en la empresa, el patrón no está obligado a darle vacaciones, y por el otro, que el patrón puede otorgar al trabajador los días de vacaciones que le convengan a ambos, siempre que no sean en menor número a los que establece la ley, por lo que, al menos, el patrón le deberá otorgar vacaciones al trabajador de la siguiente forma:

- Un año de servicio --- 6 días de vacaciones
- Dos años de servicio --- 8 días de vacaciones
- Tres años de servicio --- 10 días de vacaciones
- Cuatro años de servicio --- 12 días de vacaciones
- De cinco a 9 años de servicio --- 14 días de vacaciones al año
- De 10 a 14 años de servicio --- 16 días de vacaciones al año

- De 15 a 19 años de servicio --- 18 días de vacaciones al año
- De 20 a 24 años de servicio --- 20 días de vacaciones al año
- De 25 a 29 años de servicio --- 22 días de vacaciones al año
- Cada 5 años --- 2 días de vacaciones adicionales

Está claro que el establecimiento de estos días de vacaciones se facilita cuando la relación de trabajo es por tiempo indeterminado o por tiempo determinado mayor a un año, pero si la relación de trabajo es por temporada, entonces el patrón tendrá que hacer un cálculo de la parte proporcional que le corresponde al trabajador por vacaciones, en función del número de días trabajados en el año.

En párrafos anteriores se mencionaba que el momento en que se tomen las vacaciones anuales pagadas debe ser producto de una decisión negociada entre el empleador y el trabajador, esto con el propósito de que el trabajador efectivamente goce de vacaciones y el patrón no evada el cumplimiento de ese derecho, argumentando necesidades de la empresa. Para lograr esto, los artículos 78 y 81 de la Ley Federal del Trabajo plantean dos normas mínimas que hay que cumplir para que el propósito de las vacaciones no se desvirtúe. La primera de ellas es que los trabajadores deben disfrutar en forma continua de seis días de vacaciones, por lo menos, por lo que, si un patrón considera que es contrario a las necesidades de la empresa el que un trabajador, por ejemplo, tome 16 días seguidos de vacaciones, entonces puede negociar con el trabajador dos o tres períodos de vacaciones en el año, distribuyendo eso días de común acuerdo, en donde, al menos, uno de esos períodos debe ser de 6 días continuos de vacaciones. La segunda norma mínima es que las vacaciones deberán concederse a los trabajadores dentro de los seis meses siguientes al cumplimiento del año de servicios, esto para evitar que el patrón no conceda las vacaciones prometiendo que se las acumulará en un futuro.

Los patrones tienen la obligación de entregar anualmente a sus trabajadores una constancia que contenga su antigüedad, y, de acuerdo con ella, el período de vacaciones que les corresponda y la fecha en que deberán disfrutarlo. También tienen la obligación de evitar compensar las vacaciones con una remuneración. Una obligación adicional que tiene el patrón es pagar a sus trabajadores una prima no menor del veinticinco por ciento sobre los salarios que les correspondan durante el período de vacaciones, conocida como prima vacacional.

Es importante señalar que, si la relación de trabajo termina antes de que se cumpla el año de servicios, el trabajador tendrá derecho a una remuneración proporcional al tiempo de servicios prestados.

Si en una relación laboral se cumple con todas las disposiciones estudiadas en este apartado, se estaría respetando el derecho humano de los trabajadores a condiciones de trabajo dignas y justas, pero eso no significa que un patrón deba limitarse a proporcionar solo estas condiciones, ya que puede incrementar la proporción de cada una de ellas u ofrecer adicionales condiciones de trabajo; todo ello con la intención de motivar al trabajador y generar una mayor productividad en la empresa.

En el apartado de derechos sindicales se analizará que las condiciones de trabajo pueden ser mejoradas en virtud de un contrato colectivo de trabajo.

Es importante recordarle al emprendedor que el cumplimiento de los estándares mínimos de las condiciones de trabajo en una relación laboral que se han analizado son requisito previo y resultado del disfrute de otros derechos humanos.

8

DERECHOS SINDICALES

El tema de los derechos sindicales que se aborda en el presente apartado le abre la posibilidad al emprendedor de examinar las características propias de cada derecho sindical y su aportación positiva a los temas de calidad en el empleo, igualdad, formación, relaciones laborales y desempeño de la empresa. De la misma manera, le da la oportunidad de analizar la contribución de los sindicatos a la participación justa de los trabajadores en los beneficios de la productividad y a la operación rentable de una empresa.

Para conducir dicho examen y análisis se recomienda que el emprendedor imagine una empresa con más de cincuenta trabajadores que realizan actividades manuales, en donde de manera normal, se han celebrado diversas reuniones sociales durante el año, y en ellas han coincidido distintos trabajadores de dicha empresa. En tales reuniones, las expresiones de los asistentes han concordado en cuatro aspectos relacionados con su trabajo: han recibido malos tratos por parte de los directivos; en cada ocasión que piden mejoras a la seguridad e higiene de su lugar de trabajo, los han ignorado sus jefes, e incluso se han burlado de ellos; al solicitar adiestramiento para mejorar sus técnicas de trabajo, las respuestas han sido evasivas por parte del área de recursos humanos; y, ante la demanda de mejores percepciones económicas, las amenazas han sido la constante. Ninguno de ellos ha sido insistente en cada una de las situaciones, ya que tienen temor a ser despedidos, como a algunos de sus compañeros les ha sucedido.

Con esta situación en mente, el emprendedor tendría que reflexionar sobre las siguientes interrogantes:

- ¿Deben unirse los trabajadores para hacer en conjunto sus peticiones?
- ¿Esa unión debe ser permanente o transitoria?
- ¿A quién le correspondería señalar si son pertinentes las solicitudes en grupo?
- ¿La unión de los trabajadores les aporta ventajas o desventajas?
- ¿Cómo percibiría la empresa el hecho de que los trabajadores se asociaran?
- ¿Sería ventajoso para la empresa que los trabajadores se aliaran?

En la actualidad no es posible hablar del derecho al trabajo sin vincularlo al ejercicio de los derechos sindicales, los cuales forman parte de los derechos humanos que han sido reconocidos por diversos instrumentos internacionales y que se encuentran regulados y protegidos en forma expresa por el artículo 22 del Pacto Internacional de Derechos Civiles y Políticos, el artículo 8 del Pacto Internacional de Derechos Económicos, Sociales y Culturales, el artículo 8 del Protocolo Adicional a la Convención Americana sobre Derechos Humanos (Protocolo de San Salvador), y los Convenios 87 y 98 de la Organización Internacional del Trabajo. Cabe señalar que el Convenio 87 se refiere a la libertad sindical y a la protección del derecho de sindicalización y el Convenio 98 se refiere a la aplicación de los principios de derecho de sindicalización y de negociación colectiva. En México, los derechos sindicales se encuentran reconocidos por el artículo 123 de la Constitución Mexicana.

El CLS (2018) ha señalado la importancia que tiene el respeto a los derechos humanos para el efectivo ejercicio de los derechos sindicales, ya que el concepto de estos carece totalmente de sentido cuando no existen libertades para las personas. Los derechos de los sindicatos (organizaciones de empleadores o de trabajadores) solo pueden ejercerse de manera libre e independiente en el marco de un sistema jurídico, político, económico y social que garantice el respeto efectivo de los derechos humanos fundamentales. Para que esto sea posible, el gobierno tiene la obligación ineludible de promover y defender un clima social en el que la obediencia de las disposiciones jurídicas sea la única forma de garantizar el respeto y la protección de las personas, así como adoptar todas las medidas adecuadas para garantizar que, cualquiera que sea la tendencia sindical, los derechos sindicales puedan ejercerse con normalidad, dentro del marco de los derechos humanos fundamentales y en un clima desprovisto de violencia, presiones, temores y amenazas de toda índole.

Para que la contribución de los sindicatos y de las organizaciones de empleadores tenga el grado de utilidad y credibilidad deseado, es necesario que su actividad se desarrolle en un clima de libertad y de seguridad. Ello implica que, en una situación en la que dichas organizaciones estimen que no disfrutan de las libertades esenciales para realizar su misión, puedan reclamar jurídica y socialmente el reconocimiento y el ejercicio de dichas libertades, y tales reivindicaciones deben considerarse como actividades sindicales legítimas. Los sindicatos deben tener garantizado el derecho a reunirse en los locales sindicales, el derecho de libre opinión verbal y escrita, el derecho a no ser molestados por sus opiniones, el derecho de buscar y recibir información, el derecho de difundir sus opiniones sin limitación de fronteras, por cualquier medio de expresión, y el derecho a contar, en caso de detención, con las garantías de un procedimiento judicial regular.

Aunque son numerosos los derechos sindicales, para efectos de su análisis en este apartado se agrupan en:

- Libertad de asociación o libertad sindical.
- Negociación colectiva.
- Huelga.

Libertad de asociación o libertad sindical

De acuerdo con Hernández (2013), la libertad de asociación, en su ámbito general, se encuentra reconocida en el artículo 20.1 de la Declaración Universal de los Derechos Humanos, que señala que «Toda persona tiene derecho a la libertad de reunión y de asociación pacíficas». En particular, respecto al derecho a la libertad sindical y sus derechos relacionados, como el derecho de sindicación y al ejercicio de la actividad sindical, la misma Declaración dispone en su artículo 23.4 que «Toda persona tiene derecho a fundar sindicatos y a sindicarse para la defensa de sus intereses».

Por su parte, el artículo 22.1 del Pacto Internacional de Derechos Civiles y Políticos reconoce el derecho de toda persona a asociarse libremente con otras, incluso el derecho a fundar sindicatos y afiliarse a ellos para la protección de sus intereses. En el mismo sentido, el artículo 8° del Pacto Internacional de Derechos Económicos, Sociales y Culturales expresa que toda persona tiene derecho a fundar sindicatos y a afiliarse al de su elección, con sujeción únicamente a los estatutos de la organización correspondiente, y que dichos sindicatos se fundan con el propósito de promover y proteger los intereses económicos y sociales de sus integrantes, sin más restricciones que las que prescriba la ley y que sean necesarias en una sociedad democrática en interés de la seguridad nacional o del orden público, o para la protección de los derechos y libertades ajenos. En el inciso b) del mismo artículo, se va más allá, al establecer como derecho de los sindicatos la formación de federaciones o confederaciones nacionales, y el de estas a fundar organizaciones sindicales internacionales o a afiliarse a ellas.

El artículo 2° del Convenio 87 de la OIT establece que los trabajadores y los empleadores, sin ninguna distinción y sin autorización previa, tienen el derecho de constituir organizaciones de su elección, así como el de afiliarse a estas organizaciones, con la sola condición de conformarse a sus estatutos. Dichas organizaciones deben tener por objeto fomentar y defender los intereses de los trabajadores o de los empleadores. El citado convenio señala, en su artículo 3°, que las organizaciones tienen el derecho de redactar sus estatutos y reglamentos administrativos, de elegir libremente a sus representantes, de organizar su administración y sus actividades, y de formular su programa de acción. Al igual que en el Pacto Internacional de Derechos Económicos, Sociales y Culturales, señala que las organizaciones sindicales tienen el derecho de constituir federaciones y confederaciones, así como el de afiliarse a ellas, y toda organización, federación o confederación tiene el derecho de afiliarse a organizaciones internacionales de trabajadores y de empleadores.

El Convenio 98 de la OIT señala de manera general que los trabajadores deben gozar de una adecuada protección contra todo acto de discriminación que tenga la intención de disminuir la libertad sindical en relación con su empleo. Esta protección debe ejercerse especialmente contra todo acto que tenga por objeto condicionar el empleo de un trabajador a la circunstancia de que no se afilie a un sindicato o a la de dejar de ser miembro de un sindicato; o a despedir a un trabajador o perjudicarlo en cualquier otra forma a causa de su afiliación sindical o de su participación en actividades sindicales fuera de las horas de trabajo o, con el consentimiento del empleador, durante las horas de trabajo. De igual forma, las organizaciones de trabajadores y de empleadores deben gozar de una adecuada protección contra todo acto de injerencia entre ellas, sea esta indirecta o directa, al momento de constituirse, funcionar o administrarse.

En el ámbito nacional, la fracción XVI del Apartado A del artículo 123 de la constitución de México reconoce que tanto los trabajadores como los patrones tienen el derecho de coaligarse en defensa de sus respectivos intereses, formando sindicatos, asociaciones profesionales, etc. Por su parte, los artículos 354 y 355 de la Ley Federal del Trabajo reconocen la libertad de coalición de trabajadores y patrones, entendida como el acuerdo temporal de un grupo de trabajadores o de patrones para la defensa de sus intereses comunes.

La libertad sindical de los trabajadores, entonces, la debemos entender en dos vertientes: una de carácter positivo, que tiene que ver con la libertad del trabajador o de los trabajadores a formar sindicatos (libertad sindical positiva), y otra que se relaciona con la libertad del trabajador o de los trabajadores a dejar de pertenecer a un sindicato o simplemente no formar parte de un sindicato ya existente o que está por crearse (libertad sindical negativa).

Debido a que tanto los tratados internacionales que se mencionan en párrafos anteriores como la Constitución Mexicana señalan que el ejercicio de la libertad sindical debe ser regulado por la ley, es entonces que tenemos que analizar qué es lo que menciona la Ley Federal del Trabajo en torno a esta libertad, en sus artículos 356 al 385.

El sindicato. En la Ley Federal del Trabajo, el sindicato es considerado como la asociación (organización) de trabajadores o patrones, que se constituye para el estudio, mejoramiento y defensa de sus respectivos intereses. Los sindicatos pueden formarse sin necesidad de que exista una autorización previa, y tanto trabajadores como patrones pueden afiliarse a ellos, con la sola condición de observar sus estatutos. Aunque parezca obvio, la libertad de afiliarse a un sindicato se limita a que los trabajadores solo lo podrán hacer a los sindicatos de trabajadores, cualquiera que ellos decidan; lo mismo sucede con los patrones.

De acuerdo con lo anterior, entonces, por un lado, pueden existir sindicatos de trabajadores, y por otro, sindicatos de patrones. El artículo 360 de la Ley Federal del Trabajo señala de manera enunciativa que los sindicatos de trabajadores pueden clasificarse en:

- **Sindicatos gremiales.** Están conformados por trabajadores de una misma profesión, oficio o especialidad, y los trabajadores pueden o no laborar en una misma empresa, es decir, pueden ser trabajadores de una o más empresas. Ejemplo de este tipo de sindicatos es el Sindicato de Estibadores y Cargadores de Tijuana, que agrupa a estibadores y cargadores (misma profesión) de distintas empresas.
- **Sindicatos de empresa.** Se organizan por trabajadores que laboran en una misma empresa, por lo que pueden integrar a trabajadores de distintas profesiones, oficios o especialidades,

pero con la condición de que laboren en la misma empresa; ejemplo de ello es el Sindicato de Trabajadores Académicos y Administrativos del Centro de Investigación Científica y de Educación Superior de Ensenada, que agrupa a los trabajadores (administrativos y académicos) de una misma empresa, el CICESE.

- **Sindicatos industriales.** Se constituyen por trabajadores que presten sus servicios en dos o más empresas de la misma rama industrial; por ejemplo, la Unión de Trabajadores de Empacadoras de Refrescos y Productos Alimenticios del Estado de Baja California, que integra a trabajadores de varias empresas de la industria de alimentos. Son diferentes a los sindicatos gremiales porque agrupan a trabajadores de distintas profesiones, oficios o especialidades.
- **Sindicatos nacionales de industria.** Se forman por trabajadores que laboran en una o varias empresas de la misma rama industrial, instaladas en dos o más Entidades Federativas. Ejemplo de ello es el Sindicato Industrial de Trabajadores y Artistas de Televisión y Radio (SITATYR) que integra a trabajadores de empresas de radio, televisión y otras relacionadas a la actividad, que operan en todo el país.
- **De oficios varios.** Se forman por trabajadores de diversas profesiones. Estos sindicatos sólo podrán constituirse cuando en el municipio de que se trate el número de trabajadores de una misma profesión sea menor de veinte. Ejemplo de este tipo de sindicatos es la Federación de Trabajadores del Estado de Baja California, en donde hay trabajadores de distintas profesiones, oficios o especialidades, de distintas empresas, de distintas ramas de la industria o el comercio.

Es importante recalcar que esta clasificación es enunciativa, ya que los trabajadores se pueden organizar en la forma que ellos decidan.

En el mismo sentido, el artículo 361 de la Ley Federal del Trabajo establece que los sindicatos de patrones pueden ser de dos tipos:

- Los formados por patrones de una o varias ramas de actividades; es decir, distintos patrones de distintas empresas, sin importar la actividad a la que se dediquen, que se encuentran ubicadas en una sola Entidad Federativa.
- **Nacionales.** Son sindicatos formados por patrones de una o varias ramas de actividades de distintas Entidades Federativas. El ejemplo de este tipo de sindicatos es la Confederación Patronal de la República Mexicana (COPARMEX), cuyos socios son patrones de empresas que se encuentran localizadas en distintas Entidades Federativas y que se dedican a distintas actividades.

Constitución del sindicato. Con independencia de la forma en que se organicen los trabajadores o patrones en sindicatos, hay ciertos requisitos que deben cumplirse para que pueda considerárseles como tales.

El primer requisito es el del ***número de miembros***, ya que los sindicatos de patrones deben constituirse con al menos tres patrones. Tratándose de sindicatos de trabajadores, deben agrupar, por lo menos, a veinte trabajadores que sean mayores de quince años y que sean todos trabajadores de planta o trabajadores de confianza, ya que ambos no pueden formar parte del mismo sindicato. Incluso pueden formar parte de un sindicato aquellos trabajadores cuya relación de trabajo hubiese sido rescindida o dada por terminada dentro de los sesenta días naturales anteriores a la fecha de constitución del sindicato en el que pretenden participar.

El segundo requisito es el del *registro*, ya que, para *existir* como sindicatos, las organizaciones de trabajadores o de patrones deben registrarse en el Centro Federal de Conciliación y Registro Laboral. Tanto la autoridad que registra los sindicatos como los propios sindicatos, de acuerdo con Kurczyn y Tena (2014), deben considerar que se respeten la autonomía de los sindicatos, la equidad en la participación de sus miembros, la realidad de que sus dirigentes sean elegidos democráticamente, la realización de actos y acciones en un marco de legalidad, la transparencia de su información, la certeza en el logro de la defensa de sus intereses, la gratuidad de los servicios registrales, la inmediatez en el registro de los sindicatos, y la imparcialidad para reconocer a un sindicato. De igual forma, es importante siempre respetar la voluntad de los trabajadores y priorizar el interés colectivo sobre los aspectos de orden formal. Para formalizar la constitución de un sindicato, la directiva del mismo debe presentar en el Centro Federal de Conciliación y Registro Laboral una copia autorizada por la directiva del sindicato del acta de la asamblea en donde se constituyó tal sindicato; una lista o listas autorizadas por la directiva del sindicato, con el número, nombres, CURP y domicilios de sus miembros, así como el nombre y domicilio de los patrones, empresas o establecimientos en los que se prestan los servicios; una copia autorizada de los estatutos por la directiva del sindicato; y una copia autorizada por la directiva del sindicato del acta de la asamblea en que se hubiese elegido dicha directiva. Si el sindicato que se forma es de patrones, entonces hay que agregar los nombres y domicilios de las empresas en donde se cuente con trabajadores.

El tercer requisito es el de la *publicidad*. Una vez que el Centro Federal de Conciliación y Registro Laboral ha recibido los documentos que se mencionan en el párrafo anterior, debe hacer pública, para consulta de cualquier persona, la información debidamente actualizada del registro del sindicato en su sitio de internet. En el mismo deben estar publicados el texto íntegro de los documentos del registro del sindicato, las tomas de nota (elección de directiva), el estatuto, las actas de asambleas y todos los documentos contenidos en el expediente de registro sindical. Particularmente deber ser posible consultar por medio del sitio de internet:

- El nombre del sindicato.
- El domicilio del sindicato.
- El número de registro que le fue asignado al sindicato.
- El nombre de las personas que integran la directiva del sindicato o comité ejecutivo.
- El período que durarán en su encargo los integrantes del comité ejecutivo.
- El número de integrantes del sindicato.
- Si pertenecen a una agrupación de sindicatos y el nombre de esta.
- El listado de los miembros del sindicato, el cual incluirá el nombre de los integrantes, su domicilio particular, su CURP, su edad, sexo y nacionalidad. Los datos relacionados con la CURP y el domicilio serán protegidos como información confidencial.

Los sindicatos de trabajadores y de patrones deben gozar de una adecuada protección contra todo acto de injerencia de unos respecto de los otros, es decir, los patrones o sindicatos de patrones no deben intervenir directamente o por medio de sus representantes en la constitución, funcionamiento o administración de los sindicatos de los trabajadores, y viceversa. En este sentido, se consideran actos de injerencia las acciones o medidas que se realicen para fomentar la constitución de sindicatos de trabajadores dominados o controlados por un patrón o una organización de patrones (conocidos coloquialmente como sindicatos blancos), o apoyar de cualquier forma a sindicatos de trabajadores con el propósito de colocarlos bajo su control (también conocidos como sindicatos charros). Cualquier injerencia indebida será sancionada.

No todo sindicato que se forma puede registrarse y considerarse como tal, ya que, si ese sindicato no tiene el propósito de estudiar, mejorar y defender los intereses de sus integrantes, o no se forma con el número mínimo que debe hacerlo, o no presenta los documentos que debe presentar, entonces su registro no se le podrá otorgar hasta que subsane cualquiera de las omisiones señaladas.

Personalidad jurídica del sindicato. Una vez que se constituye un sindicato y es registrado, este adquiere una personalidad jurídica, es decir, adquiere la capacidad de tener derechos y obligaciones, así como prohibiciones, que son distintos a los de sus miembros, ya que se está formando una *persona nueva* en el mundo del derecho, por lo que cualquier autoridad debe reconocer tal personalidad.

Entre los *derechos* que tienen los sindicatos una vez que se forman están el de redactar sus estatutos y reglamentos administrativos; el de elegir libremente a sus representantes; el de organizar su administración y sus actividades; el de formular su programa de acción; el de constituir las organizaciones que estimen convenientes, entre ellas federaciones o confederaciones de sindicatos; y el de no estar sujetos a disolución, suspensión o cancelación por la vía administrativa. También tienen derecho a adquirir bienes muebles; a adquirir los bienes inmuebles destinados inmediata y directamente al objeto de su organización; a defender ante todas las autoridades sus derechos y ejercitar las acciones correspondientes; a establecer mecanismos para fomentar el desarrollo y fortalecimiento de la economía de sus afiliados; y a establecer y gestionar sociedades cooperativas y cajas de ahorro para sus afiliados, así como cualquier otra figura análoga.

Por su parte, las *obligaciones* generales que tiene todo sindicato son las de proporcionar los informes que les soliciten las autoridades del trabajo, siempre que se refieran exclusivamente a su actuación como sindicatos; a comunicar a la autoridad registral, dentro de un término de diez días, los cambios de su directiva y las modificaciones de los estatutos, adjuntando por duplicado una copia autorizada de las actas respectivas; y a informar a la misma autoridad cada tres meses, por lo menos, de las altas y bajas de sus miembros. Estas obligaciones pueden ser cumplidas a través de medios electrónicos, en los términos que determine la autoridad registral.

Específicamente, los sindicatos, de acuerdo al artículo 378 de la Ley Federal del Trabajo, tienen *prohibido* intervenir en asuntos religiosos; ejercer la profesión de comerciantes con ánimo de lucro; participar en esquemas para que los patrones evadan contribuciones u obligaciones respecto a los trabajadores; participar en actos de simulación asumiendo el carácter de patrón, con el fin de que el verdadero patrón evada sus responsabilidades; y cometer actos de extorsión u obtener dádivas del patrón, ajenas al contrato colectivo de trabajo. Pero además de estas prohibiciones, los sindicatos tienen adicionalmente otras, cuyo incumplimiento se considerará como una violación a los derechos fundamentales a la libertad sindical y a la negociación colectiva. Tales *prohibiciones* son ejercer actos de violencia, discriminación, acoso u hostigamiento sexual en contra de sus miembros, el patrón, sus representantes o sus bienes, o en contra de terceros; hacer constar o utilizar constancias en las que se señalen la realización de votaciones o consultas a los trabajadores sin que estas se hayan efectuado; obstaculizar la participación de los trabajadores en los procedimientos de elección de sus directivas sindicales, poniendo condiciones sin fundamento legal o cualquier tipo de obstáculo indebido para ejercer el derecho de votar y ser votado.

Además de los derechos, obligaciones y prohibiciones que se adquieren con la personalidad jurídica, surgen dos rasgos que son inherentes a dicha personalidad. Uno de ellos es el ejercicio de tal personalidad, es decir, la representación legal del sindicato, la cual se realiza por medio de su *secretario general* o por la persona que designe su directiva, salvo disposición especial de los estatutos. El otro es la representación de sus miembros en la defensa de los derechos individuales que les correspondan, sin perjuicio del derecho de los trabajadores para obrar o intervenir directamente, cesando entonces, a petición del trabajador, la intervención del sindicato. Es importante aclarar que los miembros de la directiva sindical que sean despedidos por el patrón o que rescindan la relación laboral por causa imputable a este, continuarán ejerciendo sus funciones dentro del sindicato, salvo lo que dispongan los estatutos.

Así como los sindicatos tienen derechos, sus miembros cuentan con los derechos de libre afiliación y de participación dentro de ellos, lo que significa que nadie puede ser obligado a formar o no parte de un sindicato, federación o confederación; que los procedimientos de elección de sus directivas deben basarse en el pleno ejercicio del voto personal, libre, directo y secreto de los miembros, así como ajustarse a reglas democráticas y de igualdad de género; que el período de duración de las directivas sindicales no podrá ser indefinido o de una temporalidad tal que obstaculice la participación democrática de los afiliados, y tampoco podrá ser contrario o afectar el derecho de votar y ser votado; que las sanciones que impongan los sindicatos, federaciones y confederaciones a sus miembros deben estar de acuerdo a lo que establece la Ley Federal del Trabajo y a los estatutos de la propia organización, cumpliendo en todo momento con otorgar la oportunidad al miembro a sancionar de ser escuchado y poderse defender; que no podrán ser multados al separarse del sindicato; y que la directiva de los sindicatos, federaciones y confederaciones debe rendir cuenta completa y detallada a sus miembros sobre la administración de su patrimonio.

Estatutos. En párrafos anteriores se señaló que un sindicato tiene el derecho de redactar sus propios estatutos, pero también es un requisito indispensable para que pueda dicho sindicato ser registrado. La importancia de este documento obliga a la Ley Federal del Trabajo a regular su contenido, con el propósito de que sea respetada la autonomía de los sindicatos, pero, sobre todo, garantizar la libertad sindical de los trabajadores. De acuerdo con el artículo 371, los estatutos deben al menos contener:

- El nombre del sindicato, el cual debe distinguirlo de los demás sindicatos.

- El domicilio que tendrá el sindicato para desarrollar sus actividades.
- El objeto o fin que persigue el sindicato.
- El tiempo que durará el sindicato. Si no se establece el tiempo, entonces se entiende que el sindicato se constituye por tiempo indeterminado.
- Los requisitos, circunstancias o condiciones bajo las cuales se admitirá a los integrantes del sindicato.
- Los derechos y obligaciones que tienen los miembros del sindicato.
- La especificación de las causas por las que se podrá expulsar o aplicar medidas disciplinarias a los miembros del sindicato, así como los procedimientos para realizarlos. Para el caso de expulsar a un trabajador deben considerarse las normas siguientes:
    - Debe convocarse a una asamblea de trabajadores para que en ella se trate exclusivamente el asunto de la expulsión.
    - Si el sindicato está formado por secciones, el procedimiento de expulsión se llevará a cabo ante una asamblea de trabajadores exclusivos de la sección a la que pertenece el trabajador que se pretende expulsar, pero el acuerdo de expulsión deberá someterse a la decisión de los trabajadores de cada una de las secciones que integren el sindicato.
    - El trabajador afectado tiene que ser escuchado para tener la oportunidad de defenderse, conforme al procedimiento que marque el estatuto.
    - La asamblea de trabajadores ante la que se ventila el asunto de la expulsión conocerá de las pruebas que sirvan de base al procedimiento de expulsión y de las que ofrezca el afectado.

- Los trabajadores convocados a la asamblea no podrán nombrar a un representante para que asista en su nombre, y cuando se trate de votar por la expulsión o no del afectado, no pueden emitir su voto por escrito.
- La expulsión deberá ser aprobada por mayoría de las dos terceras partes del total de los miembros del sindicato, no de los asistentes a la asamblea.
- La expulsión sólo podrá decretarse por los casos o causas expresamente establecidos en los estatutos, debidamente comprobados y exactamente aplicables al caso.

- La forma en que se convocará a las distintas asambleas de los miembros del sindicato, la época de celebración de las asambleas ordinarias y el quórum requerido para sesionar. En el caso de que la directiva del sindicato no convoque oportunamente a las asambleas previstas en los estatutos, los trabajadores que representen el treinta y tres por ciento del total de los miembros del sindicato o de la sección, por lo menos, podrán solicitar de la directiva que convoque a la asamblea, y si no lo hace dentro de un término de diez días, podrán los solicitantes hacer la convocatoria, en cuyo caso, para que la asamblea pueda sesionar y adoptar resoluciones, se requiere que concurran las dos terceras partes del total de los miembros del sindicato o de la sección.

  Para que las resoluciones tomadas en una asamblea sean obligatorias, deben ser aprobadas, por lo menos, por el cincuenta y uno por ciento del total de los miembros del sindicato o de la sección.
- El procedimiento para elegir la directiva del sindicato y de las secciones sindicales, el cual se llevará a cabo mediante el ejercicio del voto directo, personal, libre, directo y secreto.

Para que estos procedimientos sean efectivos, deben seguirse las normas siguientes:

- La convocatoria de elección debe emitirse con la firma autógrafa (en original) de las personas facultadas para ello, precisando la fecha, hora, lugar del proceso y demás requisitos que los estatutos exigen.
- La convocatoria tiene que publicarse en las oficinas del sindicato y en los lugares de mayor afluencia de los miembros en el centro de trabajo, con una anticipación mínima de diez días.
- El lugar que se determine para la celebración del proceso electoral, así como la documentación y los materiales que se elaboren para su realización, deben garantizar que la votación se desarrolle de forma segura, directa, personal, libre y secreta.
- Se integrará un padrón completo y actualizado de los miembros del sindicato con derecho a votar, que debe publicarse y darse a conocer entre estos con al menos tres días de antelación a la elección.
- Debe establecerse un procedimiento que asegure la identificación de los afiliados que tengan derecho a votar.
- La documentación, material y boletas para la elección de integración de los órganos internos de los sindicatos que se han mencionado tienen que contener, cuando menos, los siguientes datos y requisitos:
    - Municipio y entidad federativa en que se realice la votación.
    - Cargo para el que se postula al candidato o candidatos.
    - Emblema y color de cada una de las planillas que participan con candidatos en la elección de que se trate.

- El nombre completo del candidato o candidatos a elegir.
- Las boletas tienen que validarse en el reverso con las firmas de por lo menos dos integrantes de la Comisión Electoral que para tales efectos acuerde el sindicato.

El procedimiento de elección que realicen los miembros de un sindicato respecto al secretario general o su equivalente a nivel nacional, estatal, seccional, local o municipal, se realizará de manera independiente de la elección de delegados a los congresos o convenciones sindicales, cumpliendo con los requisitos antes señalados.

En virtud de que todos estos requisitos enunciados son esenciales para expresar la libre voluntad de los afiliados al sindicato, de incumplirse estos, el procedimiento de elección carecerá de validez, ya sea a nivel general o seccional, según sea el caso.

- En la integración de las directivas sindicales debe considerarse la representación proporcional en razón de género.
- Normas para la integración y funcionamiento de una instancia de decisión colegiada, por ejemplo, una comisión electoral, que será responsable de organizar y calificar los procedimientos de elección de los órganos internos del sindicato.
- Período de duración de la directiva sindical y de las representaciones seccionales. En el caso de reelección, será facultad de la asamblea decidir mediante voto personal, libre, directo y secreto el período de duración y el número de veces que pueden reelegirse los dirigentes sindicales. El período de duración de la directiva, y, en su caso, la reelección, deberán respetar que efectivamente los trabajadores puedan votar personalmente, de forma libre, directa y en secreto.

- Normas para la administración, adquisición y disposición de los bienes, patrimonio del sindicato.
- Forma de pago y monto de las cuotas sindicales.
- Época y forma de presentación de la cuenta completa y detallada de la administración del patrimonio sindical y sanciones a sus directivos en caso de incumplimiento.

  Para tales efectos, se deberán establecer instancias y procedimientos internos que aseguren la resolución de controversias entre los agremiados, con motivo de la gestión de los fondos sindicales.
- Normas para la liquidación del patrimonio del sindicato.
- Procedimiento para llevar a cabo la consulta a los trabajadores mediante voto personal, libre y secreto para la aprobación del contenido de contratos colectivos de trabajo iniciales y de sus revisiones.
- Las demás normas que apruebe la asamblea.

Directiva del sindicato. Dada la importancia que tiene para la libertad sindical, la elección de la directiva de un sindicato está sujeta a un sistema de verificación del cumplimiento de los requisitos que la Ley Federal del Trabajo establece para dicha elección y que se ha mencionado anteriormente. Este sistema de verificación inicia cuando los directivos sindicales o, por lo menos, el treinta por ciento de los afiliados al sindicato, solicitan el auxilio del Centro Federal de Conciliación y Registro Laboral o de la Inspección Federal del Trabajo de la Secretaría del Trabajo y Previsión Social, a efecto de que certifiquen el cumplimiento de los requisitos antes mencionados. Al concluir la elección, la autoridad que acuda a la verificación formulará un acta en la que conste el resultado de la elección y de la forma en que esta se llevó a cabo, de la que se entregará copia al sindicato solicitante. En caso de duda razonable sobre la veracidad de la documentación presentada, la autoridad que acuda a la verificación podrá convocar y organizar un recuento para consultar mediante voto personal, libre, directo y secreto de los trabajadores el sentido de su decisión.

Como se puede observar, otro elemento fundamental en el ejercicio de la libertad sindical es la estructura que dirigirá y administrará el sindicato, es decir, la directiva sindical o, como la denomina la Ley Federal del Trabajo, el comité ejecutivo, el cual se organizará y funcionará en la forma en que los estatutos del sindicato establezcan. En virtud de esa importancia, también la Ley Federal del Trabajo establece algunas normas que deben cumplirse en relación con dicha directiva sindical, con el propósito de garantizar que la libertad sindical de los trabajadores se respete y proteja, sin entorpecer o vulnerar la autonomía de cada sindicato. Al respecto se establece que no podrán formar parte de la directiva de los sindicatos los trabajadores extranjeros, norma que puede vulnerar la libertad sindical de ciertos trabajadores, pero que hasta el momento ha sido consentida por la mayoría de los sindicatos. También se señala en la norma laboral, con el propósito de que se cumpla el principio de transparencia y certeza, que la directiva de los sindicatos, en la forma y términos que establezcan sus estatutos, debe rendir, en una asamblea en donde estén presentes los integrantes del sindicato, cada seis meses, por lo menos, cuenta completa y detallada de la administración del patrimonio sindical. La rendición de cuentas tiene que incluir la situación de los ingresos por cuotas sindicales y otros bienes, así como su destino, debiéndose levantar acta de dicha asamblea. Ahora bien, para supervisar que efectivamente esta rendición de cuentas se realiza y los trabajadores puedan tener acceso permanente a esa información, el acta de la asamblea en la que se rinda cuenta de la administración del patrimonio sindical debe ser entregada físicamente o por vía electrónica dentro de los diez días siguientes al Centro Federal de Conciliación y Registro Laboral para su depósito y registro en el expediente de registro sindical. Si un trabajador tiene dudas o quiere hacer un análisis más detallado de la rendición de cuentas, en todo momento tiene el derecho de solicitar información a la directiva sindical o a la autoridad registral sobre la administración del patrimonio del sindicato.

En caso de que los trabajadores no hubieren recibido la información sobre la administración del patrimonio sindical, o estimen la existencia de irregularidades en la gestión de los fondos sindicales, podrá acudir a las instancias y procedimientos internos previstos en los estatutos de su sindicato. De comprobarse que existen irregularidades, se sancionará a quien o quienes resulten responsables de las mismas, previo desahogo del procedimiento de investigación y resolución establecido en los estatutos; de no prever estos sanciones eficaces y proporcionales a la gravedad de las conductas u omisiones en que se hubiese incurrido, los responsables podrán ser sancionados por los órganos sindicales competentes con la suspensión o destitución de su cargo, según sea la gravedad de la irregularidad cometida, sin menoscabo de que se ejerzan las demás acciones legales que correspondan. Con independencia de lo anterior, de no proporcionarse la información o las aclaraciones correspondientes, los trabajadores podrán tramitar ante el tribunal laboral que corresponda el cumplimiento de dichas obligaciones. El trabajador también podrá acudir a la autoridad registral para denunciar la omisión anterior a fin de que dicha autoridad requiera al sindicato la entrega de la información de la administración del patrimonio sindical completa, apercibiendo a los secretarios general y de finanzas, u homólogos, que se les podrá sancionar económicamente o hasta con un arresto por 36 horas. Debe quedar claro que, si un trabajador ejercita alguna de las acciones anteriores, por ningún motivo implica que puede perder sus derechos sindicales, ni será causa para lo expulsen o separen del sindicato.

Cancelación y disolución de los sindicatos. Las causas por las que a un sindicato puede cancelársele su registro, así como los motivos por los que se puede disolver, se encuentran prescritos en los artículos 369 y 379 de la Ley Federal del Trabajo. El registro de un sindicato puede *cancelarse* únicamente cuando este se disuelva; o porque deja de tener los requisitos legales para ser un sindicato; o cuando sus dirigentes, apoderados o representantes legales incurran en actos de extorsión en contra de los patrones, exigiéndoles un pago en dinero o en especie para desistirse de un emplazamiento a huelga o abstenerse de iniciar o continuar un reclamo de titularidad de contrato colectivo de trabajo. La cancelación del registro de un sindicato la debe dictar el tribunal laboral competente, por lo que ninguna autoridad administrativa puede cancelar dicho registro.

Respecto a la *disolución* de un sindicato, esta podrá llevarse a cabo cuando las dos terceras partes de los integrantes de un sindicato así lo decidan por medio del voto, o si es que ya transcurrió el término fijado en los estatutos. En caso de que se efectúe la disolución del sindicato, sus bienes, dinero en efectivo y, en general, cualquier activo, se destinarán o distribuirán en la forma que determinen sus estatutos. Si no hay ninguna disposición al respecto en los estatutos, entonces dichos activos se trasladarán a la federación o confederación a que pertenezca, y, si no existen, al Instituto Mexicano del Seguro Social.

Federaciones y confederaciones de sindicatos. Los sindicatos pueden formar federaciones y confederaciones, siempre y cuando se integren al menos por dos organizaciones sindicales. Estas federaciones o confederaciones se regirán por lo que se ha mencionado en los párrafos anteriores, en lo que sean aplicables, es decir, lo que corresponde a la personalidad jurídica, derechos, obligaciones, prohibiciones, registro, y cancelación de registro. Siempre existe la posibilidad de que los miembros de las federaciones o confederaciones se retiren de ellas, en cualquier momento, aunque exista pacto en contrario.

Cuando una federación o confederación quieran registrarse, deben cumplir con los requisitos que corresponda, con lo señalado anteriormente respecto a los estatutos, pero además tienen que incorporar en sus estatutos su denominación y domicilio y los de sus miembros constituyentes; las condiciones de adhesión de nuevos miembros; y la forma en que sus miembros estarán representados en la directiva y en las asambleas. Para que pueda proceder su registro, la federación o confederación deben presentar a la autoridad registral, una copia autorizada por la directiva de sus estatutos, del acta de la asamblea constitutiva, y del acta de la asamblea en que se haya elegido la directiva. De igual forma, tendrá que presentar una lista con la denominación y domicilio de sus miembros.

Negociación colectiva

La negociación colectiva es un derecho que nace como producto de la libertad sindical, del derecho de asociación sindical y del ejercicio de esa actividad, en virtud de que los sindicatos se constituyen como los representantes legítimos de los trabajadores para negociar las condiciones de trabajo y demás asuntos de su interés frente al empleador o patrón. El derecho a la negociación colectiva no se contempla en algunos de los instrumentos internacionales que se mencionaron en el apartado de libertad sindical, pero sí en los siguientes documentos generados por la Organización Internacional del Trabajo:

- Convenio 87 sobre la libertad sindical y la protección del derecho de sindicación.
- Convenio 98 sobre el derecho de sindicación y de negociación colectiva.
- Convenio 154 sobre la negociación colectiva.
- Recomendación 163 sobre la negociación colectiva.
- Recomendación 91 sobre los contratos colectivos.
- Recomendación 113 sobre la consulta.

Pudiera pensarse que la negociación colectiva se refiere a un diálogo realizado entre empleador y trabajadores en un solo momento o circunstancia específica; sin embargo, de acuerdo con la OIT (1981), la negociación colectiva

> comprende todas las negociaciones que tienen lugar entre un empleador, un grupo de empleadores o una organización o varias organizaciones de empleadores, por una parte, y una organización o varias organizaciones de trabajadores, por otra, con el fin de:
>
> **(a)** fijar las condiciones de trabajo y empleo, o
> **(b)** regular las relaciones entre empleadores y trabajadores, o
> **(c)** regular las relaciones entre empleadores o sus organizaciones y una organización o varias organizaciones de trabajadores (pág. 3).

La negociación colectiva tiene que ver con las relaciones entre dos partes independientes que, por un lado, consiste en uno o más empleadores o una o más organizaciones de empleadores, y por el otro, uno o más sindicatos. Como su nombre lo indica, la negociación colectiva es un proceso de negociación que implica cualquier tipo de discusión, formal o informal, cuyo fin sea llegar a un acuerdo. Para que la negociación colectiva sea efectiva, es importante que las partes que en ella intervienen lo hagan de buena fe, ya que implica un proceso de adopción conjunta de decisiones que ayuda a crear confianza y respeto mutuo entre las partes y a mejorar la calidad de las relaciones laborales.

La negociación colectiva se centra en las condiciones de trabajo y empleo, así como en la regulación de las relaciones entre los empleadores o las organizaciones de empleadores y uno o varios sindicatos. Las condiciones de trabajo y empleo incluyen, entre otros temas, los relacionados con los salarios, horas de trabajo, bonificaciones anuales, días de descanso, vacaciones, capacitación, licencia de maternidad, seguridad y salud, etc. Los temas referentes a las relaciones entre las partes pueden incluir instalaciones para los representantes sindicales; procedimientos para la solución de conflictos; y consultas, cooperación e intercambio de información, entre otros.

Aunque la negociación colectiva puede conducir a distintos resultados, el objetivo de la negociación colectiva es la conclusión o firma de un *contrato colectivo* que plasme el resultado de dicha negociación. La OIT (1951) define los contratos colectivos como:

> todo acuerdo escrito relativo a las condiciones de trabajo y de empleo, celebrado entre un empleador, un grupo de empleadores o una o varias organizaciones de empleadores, por una parte, y, por otra, una o varias organizaciones representativas de trabajadores o, en ausencia de tales organizaciones, representantes de los trabajadores interesados, debidamente elegidos y autorizados por estos últimos, de acuerdo con la legislación nacional (pág.14).

Es importante que en el contrato colectivo se haga constar la obligación que adquieren sus firmantes, así como las personas en cuyo nombre se celebre; que se aplique a todos los trabajadores de las empresas comprendidas, a menos que el contrato previere expresamente lo contrario; y que tenga prioridad sobre los contratos individuales de trabajo, sin dejar de reconocer las estipulaciones de estos que sean más favorables para los trabajadores.

El carácter libre y voluntario de la negociación colectiva implica que los resultados de la negociación contenidos en los contratos colectivos son generados por las propias partes y no impuestos por terceros. La negociación colectiva es un principio y un derecho fundamental en el trabajo, así como un derecho habilitador. El reconocimiento efectivo del derecho a la negociación colectiva puede dar lugar a una serie de beneficios. De acuerdo con la OIT (2016), diversos estudios muestran que la negociación colectiva contribuye a mejorar los salarios y las condiciones de trabajo, así como la igualdad. También ha desempeñado un papel decisivo al facilitar la adaptabilidad de las empresas y economías durante una crisis económica. Cuando es efectiva, la negociación colectiva ayuda a crear confianza y respeto mutuo entre los empleadores, los trabajadores y los sindicatos, y contribuye al mantenimiento de relaciones laborales estables y productivas. De igual forma, las instituciones de negociación colectiva débiles e ineficaces pueden llevar al aumento de los conflictos laborales, con los consiguientes costos económicos y sociales.

El reconocimiento real del derecho a la negociación colectiva permite formular disposiciones que complementan la legislación laboral. Los contratos colectivos fortalecen el cumplimiento de las disposiciones legales laborales, permiten que sindicato y patrón mejoren, y brindan mecanismos para abordar cuestiones propias de ciertas empresas o sectores económicos. Esto puede beneficiar a ambas partes, garantizando que los trabajadores obtengan una participación justa de los beneficios de la productividad sin poner en riesgo la capacidad de los empleadores de operar de manera rentable. Cuando el sindicato y el patrón están bien organizados, los contratos colectivos también se pueden usar para fijar salarios mínimos y condiciones de trabajo en un sector o segmento económico. El logro de estos resultados depende, por supuesto, de la existencia de leyes e instituciones propicias y de las estrategias de los actores involucrados.

La negociación colectiva aporta beneficios a los temas de calidad en el empleo, igualdad, formación, relaciones laborales, desempeño de la empresa y macroeconomía. Entre los beneficios más significativos están:

- Mejora los salarios.
- Permite negociar acuerdos sobre la jornada laboral que armonicen el interés de los trabajadores en conciliar la vida laboral y familiar con el interés de los empleadores respecto a jornadas laborales flexibles.
- Facilita la seguridad y la protección en el empleo.

- Prospera la igualdad de género.
- Incrementa el acceso a la formación profesional continua.
- Ofrece una vía para expresar y resolver demandas, lo cual a su vez mejora el bienestar del trabajador.
- Institucionaliza la solución de conflictos y contribuye a la estabilidad de las relaciones laborales.
- Aumenta el compromiso del trabajador y mejora el intercambio de información.
- Mejora los efectos positivos de los cambios en el lugar de trabajo y los tecnológicos en el desempeño de la empresa.
- Permite la negociación de los incentivos a la productividad o los programas de reparto de beneficios.

Contrato colectivo de trabajo. De acuerdo con el artículo 386 de la Ley Federal del Trabajo, el contrato colectivo de trabajo es el acuerdo por escrito celebrado entre uno o varios sindicatos de trabajadores y uno o varios patrones, o uno o varios sindicatos de patrones, con el propósito de establecer las condiciones de trabajo en una o más empresas o establecimientos. El contrato colectivo de trabajo puede celebrarse por tiempo determinado, obra determinada, o tiempo indeterminado. Para que este acuerdo pueda realizarse, es necesario apoyar a los trabajadores para que, mediante el voto personal, libre y secreto, puedan ejercer la libertad de negociación colectiva y sus legítimos intereses. Por esto, las autoridades, sindicatos y patrones deben colaborar para que estos ejercicios del voto se organicen de tal forma que no se afecten las actividades laborales de la empresa.

Un patrón tiene la obligación de celebrar un contrato colectivo de trabajo con un sindicato si este se lo solicita y siempre que represente a los trabajadores que laboran en su empresa. Para que el patrón o la empresa tengan certeza sobre si el sindicato que le solicita la firma de un contrato colectivo de trabajo representa a sus empleados, el sindicato debe probarle que cuenta con la constancia de representatividad expedida por el Centro Federal de Conciliación y Registro Laboral. Si el patrón se niega a firmar el contrato, los trabajadores, a través del sindicato que los representa, podrán ejercitar el derecho de huelga, figura que se analiza más adelante.

En caso de que en una empresa existan varios sindicatos, el artículo 388 de la Ley Federal del Trabajo establece ciertas reglas para la celebración de contrato colectivo de trabajo:

- Si rivalizan o compiten sindicatos de empresa o industriales, o unos y otros, el contrato colectivo de trabajo lo firmará el patrón con el sindicato que obtenga el mayor número de votos de los trabajadores dentro de la empresa.
- Si participan o contienden sindicatos gremiales, el contrato colectivo de trabajo lo firmará el patrón con los sindicatos que representen a la mayoría de los trabajadores de cada profesión, siempre que se pongan de acuerdo. En caso contrario, cada sindicato celebrará un contrato colectivo de trabajo para su profesión.
- Si concurren sindicatos gremiales y de empresa o de industria, podrán los primeros celebrar un contrato colectivo de trabajo para su profesión, siempre que el número de trabajadores a su favor sea mayor que el de los trabajadores de la misma profesión que voten por el sindicato de empresa o de industria.

Las normas antes mencionadas buscan que el sindicato o sindicatos que representan a la mayoría de los trabajadores sea quien tenga la *titularidad del contrato colectivo*, es decir, sea el facultado para negociar con el patrón la firma de dicho contrato. También pretenden velar por el cumplimiento del contrato durante su vigencia, de tal forma que el sindicato sería el único autorizado para discutir con el patrón cualquier situación relacionada con tal contrato colectivo de trabajo. Cuando ese sindicato o sindicatos dejan de tener la representación de la mayoría de los trabajadores, entonces pierden la ***titularidad del contrato colectivo***, aunque continúan teniendo el carácter de sindicato, pero ya sin poder representar a los trabajadores ante cualquier asunto relacionado con el contrato colectivo de trabajo.

Para que un acuerdo sostenido entre patrón y sindicato sea considerado como contrato colectivo de trabajo, el artículo 391 de la Ley Federal del Trabajo establece que el mismo debe contener al menos lo siguiente:

- Los nombres y domicilios del patrón(es) y sindicato(s).
- La(s) empresa(s) y establecimiento(s) que abarca.
- Su duración o la expresión de ser por tiempo indeterminado o para obra determinada.
- Las jornadas de trabajo. En ausencia de este contenido, se aplicará lo que marca la Ley Federal del Trabajo.
- Los días de descanso y vacaciones. Si el contrato no establece estas condiciones, entonces se aplicará lo señalado por la Ley Federal del Trabajo.
- El monto de los salarios. Si falta la determinación de los salarios, el contrato se considerará inválido.
- Las cláusulas relativas a la capacitación o adiestramiento de los trabajadores en la(s) empresa(s) o establecimiento(s) que comprenda.

- Disposiciones sobre la capacitación o adiestramiento inicial que se deba impartir a quienes vayan a ingresar a laborar a la(s) empresa(s) o establecimiento(s).
- Las bases sobre la integración y el funcionamiento de las Comisiones que deban integrarse de acuerdo con la Ley Federal del Trabajo. Se podrá establecer la organización de comisiones mixtas para el cumplimiento de determinadas funciones sociales y económicas.
- Las demás estipulaciones que convengan patrón(es) y sindicato(s).

Por ningún motivo un contrato colectivo de trabajo puede contener condiciones menos favorables para los trabajadores que las establecidas en sus contratos individuales vigentes, así como tampoco una cláusula que establezca que aquellos trabajadores que dejen de pertenecer al sindicato, por renuncia o expulsión de este, puedan ser separados de su empleo sin responsabilidad para el patrón (cláusula de exclusión). Sin embargo, el contrato colectivo de trabajo sí podrá incorporar una cláusula que establezca que el patrón admitirá exclusivamente como trabajadores a quienes sean miembros del sindicato contratante (cláusula de inclusión), siempre y cuando no se aplique en perjuicio de los trabajadores que no formen parte del sindicato y que ya presten sus servicios en la empresa o establecimiento.

Un contrato colectivo de trabajo comienza a tener efectos una vez que se registra ante el Centro Federal de Conciliación y Registro Laboral o en una fecha posterior si patrón y sindicato así lo han establecido. Para que el Centro de Registro acepte registrar el contrato colectivo de trabajo, patrón y sindicato deben acompañar dicho contrato con la documentación que acredite su personalidad, así como la constancia de representatividad del sindicato y el señalamiento del ámbito de aplicación del contrato colectivo de trabajo. Si toda esta documentación es entregada, el Centro Federal de Conciliación y Registro Laboral registrará el contrato colectivo de trabajo dentro de los treinta días siguientes a la entrega. Una vez que el contrato colectivo de trabajo sea registrado, la autoridad registral debe emitir un certificado de registro del contrato colectivo de trabajo que debe contener el número o folio del expediente de registro; el nombre, domicilio y buzón electrónico de patrón(es) y sindicato(s); la(s) empresa(s) y establecimiento(s) donde se aplicará el contrato; fecha de la última revisión; y período de vigencia del contrato colectivo de trabajo y su tabulador.

Como una medida de protección a los trabajadores y a su derecho a la negociación colectiva, la Ley Federal del Trabajo establece que para que un contrato colectivo de trabajo sea válido, el contenido del mismo deberá ser aprobado por la mayoría de los trabajadores representados por el sindicato que lo está solicitando y negociando, razón por la cual, de acuerdo con el artículo 390 Ter, el Centro Federal de Conciliación y Registro Laboral verificará que su contenido sea aprobado por la mayoría de los trabajadores cubiertos por el mismo a través del voto personal, libre y secreto. Este proceso de verificación debe llevarse a cabo antes de que sea oficialmente registrado el contrato colectivo de trabajo.

En atención a lo que marca el artículo 396 de la Ley Federal del Trabajo, los beneficios del contrato colectivo de trabajo se extienden a todas las personas que trabajen en la(s) empresa(s) o establecimiento(s), aunque no sean miembros del sindicato que lo haya celebrado o sean trabajadores de confianza, salvo que el propio contrato colectivo de trabajo pacte lo contrario.

Con el propósito de mantener vigente los alcances de un contrato colectivo de trabajo, así como su congruencia con la realidad económica y social de trabajadores y patrón, dicho contrato debe ser *revisado* cada dos años en lo general (todas sus cláusulas) y cada año en lo que respecta a la cláusula relativa a los salarios. De la revisión que se realice pueden surgir modificaciones al contrato, lo cual genera una actualización de dicho contrato, no la celebración de un nuevo contrato colectivo de trabajo. Si el contrato colectivo de trabajo lo celebró un solo sindicato de trabajadores o un solo patrón, cualquiera de los dos puede solicitar su revisión. En el caso de que se haya celebrado por varios sindicatos de trabajadores, la revisión se hará siempre que los solicitantes representen el cincuenta y uno por ciento de la totalidad de los miembros de los sindicatos. Pero si el contrato colectivo de trabajo se celebró por varios patrones, la revisión se hará siempre que los solicitantes tengan el cincuenta y uno por ciento de la totalidad de los trabajadores afectados por el contrato, por lo menos.

Toda revisión y modificación al contrato colectivo de trabajo debe someterse a la aprobación de la mayoría de los trabajadores regidos por un procedimiento de consulta en donde externen su voto de manera personal, libre y secreta. De igual forma, toda revisión realizada a un contrato colectivo de trabajo y las modificaciones que se le hagan como producto de dicha revisión deben realizarse ante la autoridad registral, el tribunal laboral o el centro de conciliación competente que corresponda. Si la revisión y las modificaciones son aprobadas por la mayoría de los trabajadores y por la autoridad, entonces surtirán efectos legales.

Con independencia de quién puede solicitar la revisión de un contrato colectivo de trabajo, esta solicitud debe hacerse sesenta días naturales antes del transcurso de dos años, cuando se trata de una revisión general, y treinta días naturales antes de un año transcurrido, cuando se trate de la revisión de cláusulas de salarios. Si ninguna de las partes solicitó la revisión o no se ejercitó el derecho de huelga, de acuerdo con el artículo 400 de la Ley Federal del Trabajo, el contrato colectivo de trabajo se prorrogará por un período igual al de su duración o continuará por tiempo indeterminado.

Al igual que cuando se crea un contrato colectivo de trabajo, sus revisiones y modificaciones deben registrarse ante la autoridad registral.

Conforme al artículo 401 de la Ley Federal del Trabajo, un contrato colectivo de trabajo termina cuando:

- Existe un acuerdo entre sindicato(s) y patrón(es), siempre y cuando, por el lado del sindicato, la mayoría de los trabajadores hayan aprobado dicha terminación.
- Finaliza la obra, cuando el contrato es por obra determinada.
- La empresa o establecimiento cierra, siempre que, en este último caso, el contrato colectivo de trabajo se aplique exclusivamente en el establecimiento.

Huelga

El derecho de huelga está reconocido en el Pacto Internacional de Derechos Económicos, Sociales y Culturales y por el Protocolo de San Salvador en sus respectivos artículos 8°, cuyo ejercicio debe hacerse de conformidad con las leyes de cada país, incluyendo sus limitaciones y restricciones. La Organización Internacional del Trabajo, por su parte, no cuenta con convenios o recomendaciones específicos en esa materia; sin embargo, sus Comité de Libertad Sindical y Comisión de Expertos en Aplicación de Convenios y Recomendaciones han reconocido en numerosas ocasiones el derecho de huelga como derecho fundamental de los trabajadores y de sus organizaciones, y han delimitado el ámbito en que debe enmarcarse su ejercicio al elaborar los Principios de la OIT sobre el Derecho de Huelga.

La huelga es un medio fundamental por el cual los trabajadores y sus organizaciones pueden promover y defender sus intereses sociales y económicos. Es también, según la OIT (2001), la manifestación más visible y polémica de las acciones colectivas en caso de conflicto laboral, y se le considera a menudo como el último recurso de las organizaciones de trabajadores en la búsqueda de satisfacción de sus reivindicaciones. El fenómeno de la huelga no puede considerarse sin tomar en cuenta el contexto de las relaciones laborales. La huelga, además de resultar costosa y perturbadora para los trabajadores, los empleadores y la sociedad, es el resultado del fracaso de la negociación colectiva en el proceso de fijación de las condiciones de trabajo. Sin lugar a duda, la huelga muy a menudo viene a ser el síntoma de problemas más amplios y difusos, y aunque la legislación o una orden judicial prohíba que se recurra a las huelgas, no impedirá que estas tengan lugar si las presiones económicas y sociales son suficientemente fuertes.

El derecho de huelga es una consecuencia del derecho a formar sindicatos, el cual se origina del derecho de las organizaciones de trabajadores a aplicar sus propios programas de actividades para defender los intereses económicos y sociales de sus miembros. No obstante, el derecho de huelga no es un derecho absoluto y se considera que su ejercicio puede estar sujeto a ciertas condiciones o restricciones legales, e incluso se puede prohibir en circunstancias excepcionales.

El derecho de huelga es reconocido en las fracciones XVII, XVIII y XIX del Apartado A del artículo 123 de la Constitución Política de los Estados Unidos Mexicanos, que lo protege y garantiza como un derecho colectivo de los trabajadores, por lo que un trabajador únicamente se puede beneficiar de la protección de la constitución respecto a su participación en la huelga si es que esta ha sido convocada oficialmente por el sindicato.

Gernigon, Odero, y Guido (2000) reconocen los elementos más importantes del derecho de huelga:

- Es uno de los medios legítimos fundamentales del que disponen los trabajadores y sus sindicatos para la promoción y defensa de sus intereses económicos y sociales.
- Se trata de un derecho del que deben disfrutar los sindicatos, las federaciones y las confederaciones.
- Está limitado este derecho a ciertos trabajadores en función de los servicios que prestan.
- El correcto ejercicio del derecho de huelga no debe acarrear sanciones perjudiciales de ningún tipo, ya que implicarían actos que vulneran el derecho a la libertad sindical.

El Título Octavo de la Ley Federal del Trabajo establece las reglas que han de seguirse para poner en práctica este derecho. Parte este título por definir a la huelga como la suspensión temporal del trabajo en una empresa o uno o varios establecimientos, llevada a cabo por un sindicato de trabajadores (coalición permanente).

Para que una huelga se considere que está dentro de los parámetros legales establecidos tanto en las normas internacionales como en las mexicanas —es decir, que sea *legalmente existente*, y, en consecuencia, que el tribunal laboral y las autoridades civiles correspondientes otorguen a los trabajadores las garantías necesarias y presten el auxilio que soliciten para suspender el trabajo-, es indispensable que tenga alguno de los siguientes propósitos que establece el artículo 450 de la Ley Federal del Trabajo:

- Conseguir el equilibrio entre los diversos factores de la producción, armonizando los derechos de los trabajadores con los del patrón.
- Obtener del patrón o patrones la celebración del contrato colectivo de trabajo y exigir su revisión al terminar el período de su vigencia.
- Exigir el cumplimiento del contrato colectivo de trabajo en las empresas o establecimientos en que hubiese sido violado.
- Exigir el cumplimiento de las disposiciones legales sobre participación de utilidades.
- Apoyar una huelga que tenga alguno de los propósitos antes mencionados (huelga por solidaridad).
- Exigir la revisión de los salarios establecidos en un contrato colectivo de trabajo.

Aunque la huelga es y debe ser únicamente una suspensión del trabajo, y esta no está restringida a que sea autorizada por alguien, para evitar abusos o atropellos tanto a los derechos de los trabajadores como a los de los patrones, o para impedir daños que difícilmente puedan ser reparados, la suspensión del trabajo deberá pasar por un proceso de *calificación* por parte del tribunal laboral, para determinar si la huelga es *legalmente existente*. Para ello es necesario que el sindicato de trabajadores que promueve la huelga cumpla con los requisitos que marcan tanto el artículo 451 como el 920 de la Ley Federal del Trabajo. Primero, el sindicato debe tener en cuenta que la suspensión debe perseguir alguno de los propósitos que señalamos en el párrafo anterior. Segundo, la suspensión debe ser realizada por la mayoría de los trabajadores de la empresa o establecimiento. Tercero, antes de iniciar la suspensión del trabajo, el sindicato de trabajadores debe dirigir al patrón, con al menos seis días de anticipación, un escrito, a través del tribunal laboral competente, que contenga un pliego con las peticiones que el sindicato requiere que se satisfagan, el anuncio de la intención de ir a la huelga si dichas peticiones no son satisfechas, así como el propósito de la huelga y el día y hora en que se suspenderán las labores, y, si fuera el caso, también el término de prehuelga (negociación). Si no se cumple alguno de estos tres requisitos, la huelga se considerará como *legalmente inexistente* y, en consecuencia, los trabajadores tendrán que reanudar las labores en un plazo de 24 horas.

Es importante distinguir que las razones o motivos por los cuales un sindicato decide ejercer el derecho de huelga se pueden dividir en dos grandes grupos; aquellos que son imputables o atribuibles al patrón y aquellos que no lo son. Los primeros, básicamente, los podemos resumir en incumplimientos que el patrón tenga con relación a las cláusulas de un contrato colectivo de trabajo o al pago del reparto de utilidades. Con los segundos se busca conseguir la firma o revisión de un contrato colectivo de trabajo. Cuando la huelga se realiza por motivos imputables al patrón, la huelga se considera *justificada*. Uno de los efectos de la huelga es que genera la suspensión de las relaciones de trabajo por todo el tiempo que dure.

La suspensión de las labores deberá de realizarse sin ningún tipo de acto violento, ya que si la mayoría de los trabajadores ejecutan alguno contra personas o propiedades, la huelga se considera como *ilícita* y, en consecuencia, se declararán terminadas las relaciones de trabajo de los huelguistas que participaron en los actos violentos, por lo que al terminar la huelga dichos trabajadores no podrán reincorporarse a sus labores.

La Ley Federal del Trabajo establece limitaciones al derecho de huelga, en función del servicio que se presta en la empresa, por lo que, aunque jurídicamente sea declarada la huelga, los trabajadores huelguistas deberán continuar su trabajo en los siguientes casos:

- Cuando se trate de buques, aeronaves, trenes, autobuses y demás vehículos de transporte que estén en ruta o tránsito, hasta que lleguen a su punto de destino.
- Tratándose de hospitales, sanatorios, clínicas y demás establecimientos análogos, hasta que los pacientes internados puedan ser trasladados a otro establecimiento.

Desde luego, la huelga tiene una temporalidad, por lo que esta terminará, de acuerdo con el artículo 469 de la Ley Federal del Trabajo, cuando se presente alguno de los siguientes supuestos:

- Cuando los trabajadores huelguistas y los patrones lleguen a un acuerdo.
- Si el patrón acepta las peticiones contenidas en el escrito de emplazamiento de huelga y cubre los salarios que hubiesen dejado de percibir los trabajadores.

- Si así lo determina la decisión de un árbitro (laudo arbitral) que libremente hayan elegido trabajadores y patrón.
- Por sentencia de un tribunal laboral si los trabajadores o patrones someten el conflicto a su decisión.

En el contexto actual, sobre todo en el económico, el respeto a los derechos sindicales son un elemento fundamental que considerar en cualquier negociación, incluyendo la internacional. Prueba de ello es el espacio y tiempo dedicado a este tema en el Tratado de Libre Comercio entre México, Estados Unidos y Canadá (T-MEC), específicamente en los artículos 23.3, inciso a) y 23.7, que hacen referencia a la libertad de asociación y el reconocimiento efectivo del derecho a la negociación colectiva.

Estudiado el tema de los derechos sindicales, seguramente se generará en el emprendedor una postura positiva hacia ellos, ya que, como pudo apreciar, constituyen una aportación a las cuestiones de calidad en el empleo, igualdad, formación, relaciones laborales y desempeño de la empresa, pero, sobre todo, a la participación justa de los trabajadores en los beneficios de la productividad y a la operación rentable de una empresa.

9

DERECHO A LA SEGURIDAD SOCIAL

Este apartado se ha desarrollado con la intención de que el emprendedor esté en condiciones de distinguir las herramientas mediante las cuales el Seguro Social garantiza el derecho a la salud, la asistencia médica, la protección de los medios de subsistencia y los servicios sociales necesarios para el bienestar individual y colectivo, así como de valorar el impacto que tiene la seguridad social en la dignidad de los trabajadores y en el óptimo rendimiento de una empresa.

Como se ha venido haciendo en cada uno de los apartados, se invita al emprendedor a que se ubique en una situación posible, como es el caso de Zamira, una trabajadora que durante más de veinte años ha laborado para una pequeña empresa. Durante ese tiempo, en las distintas ocasiones que ha caído en cama por una enfermedad, sin posibilidad para trabajar, ella y su familia (un esposo y dos hijos menores de 10 años) han tenido que buscar la forma de ganar dinero, ya que la empresa en donde trabaja no le paga su salario si no trabaja. De igual forma, en las mismas ocasiones que ha tenido que aliviarse del parto de sus hijos, el esposo ha realizado labores extraordinarias para poder ahorrar dinero y poder pagar los honorarios de los médicos, las medicinas y la atención hospitalaria que se requirieron para que sus hijos nacieran. El día de hoy, consciente de su avanzada edad y de la realidad de que dentro de poco tiempo ya no podrá seguir trabajando, Zamira está muy preocupada por su futuro y el de su familia.

Ante la situación descrita, se incita al emprendedor a que se haga las siguientes preguntas:

- ¿Puede haber tranquilidad en la vida de la trabajadora?
- ¿Cuánto tiempo de calidad puede dedicar la trabajadora a su familia?
- ¿Qué tan incierto es el futuro de la trabajadora y su familia?
- ¿Se puede considerar como digna la vida de la trabajadora?
- ¿La empresa o el gobierno tienen alguna responsabilidad en la situación de la trabajadora?

Al adquirir una persona la condición de trabajador, se abre el acceso a otro derecho humano para ella y su familia, el de la seguridad social. Esto implica que mientras no sea trabajador, en términos generales, ni él, ni sus familiares, gozarán de este derecho.

La seguridad social puede entenderse, de acuerdo con Ruíz (2015), como el conjunto de medidas que establece el gobierno (Estado) para garantizar a cada persona su derecho a un ingreso digno y a la apropiada protección de su salud. A la seguridad social deben contribuir patrones, trabajadores y gobierno.

Para la OIT (2003), el derecho humano a la seguridad social abarca la protección que la sociedad proporciona a las personas y los hogares para asegurar el acceso a la asistencia médica y garantizar la seguridad del ingreso, en particular en caso de vejez, desempleo, enfermedad, invalidez, accidentes del trabajo, maternidad o pérdida del sostén de familia. Pero, además, en atención al Comité-DESC (2007), el derecho a la seguridad social incluye el derecho a obtener y mantener prestaciones sociales, ya sea en efectivo o en especie, sin que exista discriminación para ello, con el fin de que las personas obtengan protección en contra de la falta de ingresos procedentes del trabajo debido a enfermedad, invalidez, maternidad, accidente laboral, vejez o muerte de un familiar; o por gastos excesivos de atención a la salud; o en situaciones de apoyo familiar insuficiente, en particular para los hijos y los familiares a su cargo.

Como derecho humano, la seguridad social se encuentra reconocido y protegido por normas internacionales y nacionales. Dentro de las primeras está el Pacto Internacional de Derechos Económicos, Sociales y Culturales, en su artículo 9º; el Protocolo Adicional a la Convención Americana sobre Derechos Humanos en Materia de Derechos Económicos, Sociales y Culturales, o «Protocolo de San Salvador», también en su artículo 9º; y el Convenio 102 de la OIT sobre la Seguridad Social. En México, la seguridad social se encuentra reconocida y protegida en la fracción XXIX del Apartado A del artículo 123 de la Constitución Mexicana y en la Ley del Seguro Social.

Para proteger y garantizar que los trabajadores y sus familiares gocen plenamente del derecho a la seguridad social, el gobierno tiene la obligación de utilizar hasta el máximo de sus recursos disponibles, respetando los principios de igualdad y no discriminación. Estos recursos que disponga el gobierno deben considerar los elementos de disponibilidad, riesgos e imprevistos sociales, nivel suficiente, accesibilidad y la relación con otros derechos.

Para que la protección al derecho a la seguridad social sea efectiva, de acuerdo con estándares internacionales recomendados por el Comité-DESC (2007), es necesario el establecimiento de un sistema que garantice las prestaciones correspondientes a riesgos e imprevistos sociales, esto es, que esté disponible. Este sistema, entonces, tiene que permitir que las personas reciban atención a su salud; que a los trabajadores se les proporcione prestaciones en efectivo durante el tiempo que no puedan laborar a causa de una incapacidad por enfermedad; que las personas adultas tengan acceso a prestaciones; que, en la contingencia de pérdida de empleo o falta de ingresos, se tenga la opción de recibir prestaciones por un período suficiente; y que los trabajadores tengan la certeza de recibir protección en caso de sufrir algún accidente laboral.

Al proveer prestaciones económicas o en especie, el sistema de seguridad social debe tener mucho cuidado en que estas sean suficientes en importe y duración. De igual forma, el sistema de seguridad social debe garantizar que todas las personas estén cubiertas por dicho sistema; que los requisitos que se establezcan para acceder a las prestaciones (económicas o en especie) sean razonables, proporcionales y transparentes; que, si se va a exigir el pago de una cuota o cotización, esta se defina por adelantado; que los beneficiarios de los planes de seguridad social tengan la posibilidad de participar en la administración del sistema; y que las prestaciones, principalmente las que sean en especie, se otorguen en el momento oportuno, mediante el acceso físico a los servicios.

En la configuración y operación del sistema de seguridad social no debe pasarse por alto que es una plataforma y un mecanismo para garantizar el derecho a la salud, mediante la prevención y atención de enfermedades.

Por otro lado, no hay que perder de vista que, al ser la seguridad social un derecho humano, genera entonces para el gobierno una serie de obligaciones para protegerlo. De acuerdo con

Belmont y Parra (2017), al grupo de obligaciones que el gobierno tiene en torno a la seguridad social se les denominan obligaciones jurídicas *generales* y consisten en garantizar el ejercicio del derecho a la seguridad social sin discriminación; en asegurar la igualdad de derechos en materia de seguridad social entre hombres y mujeres; y en adoptar medidas que garanticen el acceso a vivienda digna, salud, vestido y alimentación de las personas. También el gobierno tiene una serie de obligaciones jurídicas *específicas* que radican en que el propio gobierno se abstenga de interferir, directa e indirectamente, en el disfrute del derecho a la seguridad social; que el gobierno impida que cualquier persona (física o moral) interfiera de algún modo en el disfrute del derecho a la seguridad social; y que el gobierno debe adoptar medidas que garanticen el derecho a la seguridad social, a fin de establecer un sistema de seguridad social adecuado, al alcance de cada persona. Un último grupo de obligaciones se consideran como *básicas* y abarcan el que se asegure el acceso a sistemas de seguridad social que ofrezcan un mínimo de prestaciones para obtener atención esencial de salud, alojamiento y vivienda básicos, entre otros; que se asegure que el acceso a los sistemas o planes de seguridad social se dé sin discriminación; que se respeten y protejan los sistemas de seguridad social; y que se adopten estrategias y planes de seguridad social a nivel nacional.

Tomando en consideración los estándares mencionados en los párrafos anteriores, así como las obligaciones que el Estado mexicano tiene con respecto al derecho humano de la seguridad social, es que se construye en México el actual sistema de seguridad social que tiene su fundamento en el artículo 123 la constitución —específicamente en la fracción XXIX del Apartado A, en donde se mencionan los seguros de invalidez, de vejez, de vida, de cesación involuntaria del trabajo, de enfermedades y accidentes—, y en la Ley del Seguro Social.

Nuestro sistema de seguridad social

En México hemos optado por que nuestro sistema de seguridad social sea regulado por una sola ley en todo el país, la cual recibe el nombre de Ley del Seguro Social, lo que significa que las normas mínimas que regirán para este tema son iguales en todo el país, en el entendido que en cada Entidad Federativa o municipio de la República Mexicana podrán establecerse normas o leyes que mejoren las condiciones de seguridad social de las personas, con la limitante de que solo podrán beneficiar a las personas que residan en tal estado o municipio.

Para entender el sistema que protege el derecho humano a la seguridad social en nuestro país, es importante diferenciar ciertos conceptos y el alcance de estos. El primero de ellos es que la *seguridad social tiene por finalidad* garantizar el derecho a la salud, la asistencia médica, la protección de los medios de subsistencia y los servicios sociales necesarios para el bienestar individual y colectivo, así como el otorgamiento de una pensión que, en su caso y previo cumplimiento de los requisitos legales, será garantizada por el gobierno federal (poderes ejecutivo, legislativo y judicial). Ahora bien, *la realización de la seguridad social* está a cargo de entidades o dependencias públicas, federales o locales y de organismos descentralizados, conforme a lo que dispone la Ley del Seguro Social y demás leyes o normas sobre la materia.

Un segundo concepto a distinguir es que el *seguro social* es el instrumento básico de la seguridad social, establecido como un servicio público de carácter nacional en los términos de la Ley del Seguro Social, sin perjuicio, como se había mencionado, de los sistemas instituidos por otras normas. En este sentido, la organización y administración del seguro social están a cargo del organismo público descentralizado con personalidad jurídica y patrimonio propios, de integración operativa tripartita (gobierno, patrones y trabajadores), denominado Instituto Mexicano del Seguro Social (IMSS), el cual tiene también el carácter de organismo fiscal autónomo, es decir, puede cobrar por su cuenta y con sus propios medios los pagos que le adeuden el gobierno, patrones o trabajadores.

Aclarados entonces los conceptos anteriores, se puede decir que el principal instrumento con el que se protege y garantiza el derecho humano de la seguridad social de los trabajadores y sus familias es el *seguro social*, el cual es organizado y administrado por el IMSS. Esta organización y administración se hace a través de un ***régimen obligatorio*** y un ***régimen voluntario***, en donde cada uno cubre las contingencias y proporciona los servicios que le corresponde, mediante ***prestaciones en especie y en dinero***, en las formas y condiciones que en los siguientes párrafos se analizan. Sin embargo, para que una persona reciba algún tipo de estas prestaciones, es necesario que sea *derechohabiente*, es decir, que el trabajador y sus familiares estén inscritos ante el IMSS y que cumplan con los requisitos que se establecen en la Ley del Seguro Social para cada situación específica. La forma más sencilla de demostrar, mas no la única, que se es derechohabiente es mediante un documento de identificación (cartilla o carné) que el propio IMSS expide.

El ***régimen obligatorio*** se caracteriza por que deben estar inscritos en él todos los trabajadores, es decir, todas aquellas personas que prestan un servicio a cambio de una remuneración, dentro de una relación laboral. Esto implica, entonces, la obligación por parte de todos los patrones de registrarse ante el IMSS e inscribir a sus trabajadores, obligación que incluye el deber de comunicar al IMSS cuando dan de alta y baja a sus trabajadores, y cuando modifican su salario u otros datos, todo ello dentro de plazos no mayores de cinco días hábiles. En atención a lo anterior, un patrón respeta y protege el derecho humano a la seguridad social de sus trabajadores cuando se registra ante el IMSS e inscribe a sus trabajadores en el momento que ingresan a trabajar con él, y al mantener actualizada la información de sus trabajadores.

Según lo establece el artículo 11 de la Ley del Seguro Social, el régimen obligatorio proporciona a sus derechohabientes los siguientes seguros:

- Riesgos de trabajo.
- Enfermedades y maternidad.
- Invalidez y vida.
- Retiro, cesantía en edad avanzada y vejez.
- Guarderías y prestaciones sociales.

El *régimen voluntario* está diseñado para dar cobertura de seguridad social a todas aquellas personas que voluntariamente se inscriban al IMSS, es decir, todos aquellos que no son trabajadores dentro de una relación de trabajo. De acuerdo con los artículos 240 y 246 de la Ley del Seguro Social, el régimen voluntario proporciona a quienes se encuentran inscritos en él el *seguro de salud para la familia* y los *seguros adicionales*.

Antes de entrar en el estudio de cada uno de los seguros que se proporcionan en ambos regímenes, es muy importante establecer que el seguro social opera y puede dar la cobertura a que lo obliga la ley, en función de las cuotas que aportan a dicho instrumento el gobierno, los patrones y los trabajadores. Estas cuotas se establecen con relación al salario que percibe cada uno de los trabajadores, salario que se integra con los pagos hechos en efectivo por cuota diaria, gratificaciones, percepciones, alimentación, habitación, primas, comisiones, prestaciones en especie y cualquiera otra cantidad o prestación que se entregue al trabajador por su trabajo. El artículo 27 de la Ley del Seguro Social lo denomina *salario base de cotización*. El cálculo incorrecto del salario con que se inscribe al trabajador al IMSS, o la inscripción con un salario que no es el que realmente percibe, le genera impactos negativos en las prestaciones que le brindan cada uno de los seguros, por lo que un patrón respeta y protege el derecho humano a la seguridad social de sus trabajadores, no sólo cuando los inscribe al IMSS, sino cuando los inscribe en el tiempo adecuado y con el salario calculado correctamente.

Seguro de riesgo de trabajo

Este tema tiene una relación directa con el de seguridad e higiene que ya se ha analizado en el apartado de condiciones de trabajo dignas y justas, bajo la normatividad que establece la Ley Federal del Trabajo. Sin embargo, aquí se estudiará bajo los criterios de la Ley del Seguro Social, que son similares a los de aquella norma y además la complementan.

Este seguro proporciona al trabajador inscrito en el IMSS (asegurado) una serie de prestaciones en especie y en dinero cuando sufre un riesgo de trabajo, es decir, un accidente o una enfermedad durante el tiempo en el que está trabajando o por causa del trabajo. La Ley del Seguro Social precisa, en su artículo 42, que el *accidente de trabajo* es toda lesión orgánica o perturbación funcional, inmediata o posterior, o la muerte, producida repentinamente en ejercicio o con motivo del trabajo, cualquiera que sea el lugar y el tiempo en que dicho trabajo se preste, es decir, un daño físico o la muerte en el trabajo o con motivo del trabajo. También la Ley del Seguro Social considera como accidente de trabajo el que el trabajador sufre al trasladarse directamente de su domicilio al lugar del trabajo, o viceversa. Por su parte, el artículo 43 de la misma ley establece que la *enfermedad de trabajo* es todo estado patológico derivado de la acción continuada de una causa que tenga su origen o motivo en el trabajo, o en el medio en que el trabajador se vea obligado a prestar sus servicios. Si por alguna razón se presenta la dificultad para determinar si una enfermedad debe ser considerada de trabajo o no, se puede acudir al artículo 513 de la Ley Federal del Trabajo, que contiene una tabla con 161 enfermedades de trabajo; esto con independencia de que los avances de la ciencia médica puedan determinar en un futuro si una enfermedad es o no de trabajo.

Un riesgo de trabajo puede producir en el trabajador:

- *Incapacidad temporal*, ya que pierde facultades o aptitudes que le impiden, de manera parcial o total, desempeñar su trabajo por algún tiempo.
- *Incapacidad permanente parcial*, al sufrir una disminución de facultades o aptitudes para trabajar por tiempo indefinido.
- *Incapacidad permanente total*, al perder facultades o aptitudes que le impiden desempeñar cualquier trabajo por el resto de su vida.
- Muerte.

El trabajador asegurado que sufre un riesgo de trabajo tiene derecho a que se le proporcionen prestaciones en especie y en dinero. Las prestaciones en especie que debe recibir, de acuerdo con el artículo 56 de la Ley del Seguro Social, son la atención de un médico (asistencia médica); la realización de las cirugías necesarias para recobrar su salud (asistencia quirúrgica); la obtención de los medicamentos necesarios para aliviarse (asistencia farmacéutica); la admisión, atención y cuidado en un hospital (servicio de hospitalización); la entrega de aparatos de prótesis y ortopedia cuando sean necesarios para su recuperación; y el otorgamiento de los cuidados indispensables para recuperar, mantener o mejorar sus capacidades o aptitudes para el trabajo (rehabilitación). Las prestaciones en dinero a que tiene derecho el trabajador asegurado, según lo establecido por el artículo 58 de la Ley del Seguro Social, dependerán de las consecuencias que produzca el riesgo de trabajo, por lo que es necesario especificar cada situación en particular de la siguiente manera:

- Si el riesgo de trabajo produce una *incapacidad temporal*, entonces el trabajador asegurado recibirá, durante este tiempo, un subsidio equivalente al cien por ciento del salario que tiene registrado en el IMSS en el momento de ocurrir el riesgo. Este subsidio lo continuará recibiendo hasta tanto el IMSS no declare que el trabajador asegurado se encuentra capacitado para trabajar, o bien declare la incapacidad permanente parcial o total, lo cual deberá realizarse dentro del término de cincuenta y dos semanas que dure la atención médica como consecuencia del riesgo de trabajo.
- En caso de que el IMSS declare que el riesgo de trabajo produjo una *incapacidad permanente total* del trabajador asegurado, este recibirá una pensión mensual definitiva (de

por vida) equivalente al setenta por ciento del salario que tenía registrado ante al IMSS en el momento de acontecer el riesgo.

- Cuando el IMSS declara que la consecuencia del riesgo de trabajo es una *incapacidad permanente parcial*, el trabajador asegurado recibirá una pensión que dependerá del porcentaje de incapacidad que sea determinado, para lo cual hay que acudir a la tabla de valuación de incapacidad que señala la Ley Federal de Trabajo; por ejemplo, se recibirá una pensión mayor por la pérdida de una mano que por la pérdida del dedo anular o del meñique.
- Si el riesgo de trabajo produce la muerte del trabajador asegurado, entonces su esposa o esposo, así como sus hijos menores de 16 años, o de 25 años si están estudiando, recibirán una pensión. En caso de no existir viuda o viudo, podrá recibir una pensión la concubina o el concubinario. Los padres dependientes económicamente del trabajador asegurado también podrán recibir una pensión, solo en el caso de que no haya viuda o viudo, concubina o concubinario, ni hijos de las edades antes mencionadas.

Como se ha mencionado, el patrón muestra respeto y protege el derecho a la seguridad social de sus trabajadores cuando cumple con su obligación legal de inscribirlos en el IMSS con el salario integrado real que perciben, pero si surgiera el caso de que un trabajador sufra un riesgo de trabajo y su patrón no lo tuviera inscrito en el IMSS, o lo tuviera inscrito con un salario distinto, de todas formas la institución le proporcionará al trabajador las prestaciones en especie y en dinero que la Ley del Seguro Social establece. Sin embargo, dichas prestaciones se le cobrarán al patrón, con independencia de la responsabilidad y las sanciones que, en su caso, fijen la propia Ley del Seguro Social y sus reglamentos.

Seguro de enfermedades y maternidad

Como parte del alcance del derecho humano a la seguridad social, se encuentra el derecho que tienen los trabajadores asegurados o los pensionados a gozar de la protección del *seguro de enfermedades* y del *seguro de maternidad*. Por las características de estos seguros, son los que tienen una mayor cobertura, ya que no solo benefician al trabajador o al pensionado, sino también a sus familiares de manera directa. Se analizan a continuación los dos seguros por separado.

Seguro de enfermedades. Este seguro tiene la particularidad de proteger principalmente al asegurado cuando presenta una enfermedad que no se origina en el trabajo y al pensionado de cualquiera de los seguros que comprende el seguro social, pero también a distintas personas que tienen una relación familiar con el asegurado o el pensionado. El artículo 84 de la Ley del Seguro Social enumera a los beneficiarios de este seguro, siendo ellos:

- El asegurado.
- El pensionado por incapacidad permanente total o parcial; por invalidez; por cesantía en edad avanzada y vejez; y por viudez, orfandad o ascendencia.
- La esposa o esposo del asegurado o del pensionado.
- La concubina, es decir, la mujer con quien el asegurado o el pensionado ha hecho vida como si fueran esposos durante los cinco años anteriores a la enfermedad, o con la que haya

procreado hijos, siempre que ninguno de los dos esté casado. Este beneficio implica la existencia de una sola concubina ya que, si existe más de una, ninguna de ellas podrá gozar del seguro de enfermedad.

- El concubinario de la asegurada o pensionada, siempre y cuando se reúnan los mismos requisitos que para una concubina.
- Los hijos menores de dieciséis años del asegurado y de los distintos pensionados.
- Los hijos del asegurado cuando no puedan mantenerse por su propio trabajo debido a una enfermedad crónica o discapacidad por deficiencias físicas, mentales, intelectuales o sensoriales, hasta tanto no desaparezca la incapacidad que padecen.
- Los hijos del asegurado o pensionado hasta la edad de veinticinco años cuando realicen estudios en instituciones educativas autorizadas, sean públicas o privadas.
- El padre y la madre del asegurado o pensionado que vivan con él.

Es importante señalar que los familiares del asegurado o pensionado solo podrán estar protegidos por el seguro de enfermedades si es que dependen económicamente de alguno de ellos, y que, además, el propio asegurado o pensionado tenga derecho al seguro de enfermedades.

Las prestaciones en especie a las que tienen derecho el asegurado o pensionado y sus familiares las precisa el artículo 91 de la Ley del Seguro Social, y consisten en ser atendidos por un médico (asistencia médica); someterse a las cirugías necesarias para recobrar su salud (asistencia quirúrgica); ser dotados de los medicamentos necesarios para aliviarse (asistencia farmacéutica); y ser admitidos, atendidos y cuidados en un hospital (servicio de hospitalización) cuando sea necesario. Estas prestaciones serán proporcionadas por el IMSS de manera directa o a través de otra institución una vez que haya determinado la enfermedad y durante el plazo de cincuenta y dos semanas para el mismo padecimiento; pero si la enfermedad se prolonga, solo el asegurado tiene derecho a que el tiempo señalado se prorrogue hasta por un mismo lapso. Respecto a estas prestaciones hay que precisar dos situaciones; la primera es que, si la atención de una enfermedad no profesional rebasa el tiempo de las ciento ocho semanas, no se deja de atender al enfermo, pero se clasifica la enfermedad dentro de otro seguro; y la segunda es que los beneficiarios de este seguro pueden gozar de las mismas prestaciones cada vez que enferman, por lo que no es un derecho que se agota en una sola ocasión.

En lo que corresponde a las prestaciones en dinero, este seguro genera, según lo establece el artículo 96 de la Ley del Seguro Social, el derecho a que solamente el asegurado reciba un subsidio equivalente al sesenta por ciento del último salario diario registrado ante el IMSS, siempre y cuando el asegurado quede incapacitado para trabajar y haya aportado sus cuotas a la institución durante las cuatro semanas inmediatas anteriores a la enfermedad. El IMSS comienza a pagar este subsidio a partir del cuarto día del inicio de la incapacidad, mientras dure esta y hasta por el término de cincuenta y dos semanas; pero si al concluir dicho período el asegurado continúa incapacitado, previo dictamen del IMSS, se puede prorrogar el pago del subsidio hasta por veintiséis semanas más. Al igual que en el caso de las prestaciones en especie, cabe hacer las siguientes precisiones para las prestaciones en dinero: durante los tres primeros días de la incapacidad del asegurado por enfermedad, el subsidio lo pagará el patrón; el subsidio pagado por el IMSS se continuará pagando siempre y cuando el asegurado no interrumpa el tratamiento médico; y en caso de que el asegurado esté hospitalizado, el subsidio se pagará a sus beneficiarios inscritos ante el IMSS.

Al igual que en el caso del seguro del riesgo de trabajo, si el trabajador no está inscrito en el IMSS o está inscrito con un salario que no es el real, gozará de las prestaciones que otorga el seguro de enfermedades, con independencia de que el patrón sea responsable de restituir a la institución los gastos incurridos y se haga acreedor de las sanciones que procedan.

Seguro de maternidad. El derecho a este seguro protege a la asegurada y a la esposa o concubina del asegurado o pensionado en caso de maternidad. La protección abarca todo el tiempo que dure el embarazo, el momento del parto y el tiempo de recuperación después del parto.

Las prestaciones en especie que aporta este seguro son señaladas por el artículo 94 de la Ley del Seguro Social de la siguiente manera:

- La asegurada y la esposa o concubina del asegurado o pensionado tendrán asistencia obstétrica.
- También la asegurada y la esposa o concubina del asegurado o pensionado recibirán una ayuda en especie por seis meses para lactancia, así como capacitación y fomento para la lactancia materna y amamantamiento, con el propósito de incentivar que la leche materna sea el alimento exclusivo del bebé durante sus primeros seis meses de vida y complementario hasta avanzado el segundo año de vida.

- La asegurada únicamente tiene derecho, durante el período de lactancia, a decidir entre contar con dos reposos extraordinarios por día, de media hora cada uno, o bien un descanso extraordinario por día, de una hora, para amamantar a sus hijos o para efectuar la extracción manual de leche, en un lugar adecuado e higiénico.
- De igual manera, solo la asegurada recibirá una canastilla al nacer su hijo, cuyo importe es establecido por el Consejo Técnico del IMSS cada año.

Este seguro proporciona también prestaciones en dinero, pero exclusivamente a la asegurada. Según lo establece el artículo 101 de la Ley del Seguro Social, consiste en un subsidio en dinero que paga el IMSS igual al cien por ciento del último salario diario que tiene inscrito en el organismo, el cual se proporciona durante cuarenta y dos días anteriores al parto y cuarenta y dos días posteriores al mismo. Durante este tiempo, la asegurada no tiene la obligación de trabajar, ni el patrón de pagarle un salario. Para tener derecho al subsidio, la asegurada tiene que haber cubierto por lo menos treinta cotizaciones semanales en el período de doce meses anteriores a la fecha en que debiera comenzar el pago del subsidio, su embarazo y fecha probable del parto deben ser certificados por el IMSS, y no debe realizar algún trabajo en donde reciba un salario durante los períodos anteriores y posteriores al parto. Este subsidio lo recibirá la asegurada con independencia de que el parto se realice en las clínicas u hospitales del IMSS. En el caso de que la asegurada no reúna el requisito de las treinta semanas de cotización, el patrón debe pagar el salario íntegro durante los ochenta y cuatro días que abarca la protección de este seguro.

Como se ha mencionado, si la trabajadora no está inscrita en el IMSS o está inscrita con un salario que no es el real, gozará de las prestaciones que otorga el seguro de maternidad, quedando el patrón con la responsabilidad de restituir a la institución los gastos incurridos y, en dado caso, hacerse acreedor de las sanciones que procedan.

Es necesario resaltar que la protección que brindan el seguro de enfermedades y el seguro de maternidad abarca incluso cuando el asegurado queda privado de trabajo remunerado. Esta protección abarca las ocho semanas posteriores a la desocupación, con la condición de que el asegurado haya cubierto, inmediatamente antes de tal privación, un mínimo de ocho cotizaciones semanales ininterrumpidas. La protección consiste en que el asegurado y sus familiares reciban, durante el lapso señalado, la asistencia médica y de maternidad, quirúrgica, farmacéutica y hospitalaria que sea necesaria.

Seguro de invalidez y vida

Este seguro forma parte de la protección que aporta el derecho a la seguridad social y, específicamente, protege a los trabajadores cuando presentan una situación de invalidez, o a los familiares del asegurado o pensionado por invalidez que muere. Aunque ambas circunstancias se contemplan en un solo seguro, para efectos de estudio se analizarán por separado a continuación.

Ramo de invalidez. Para este ramo, la invalidez se presenta cuando el trabajador asegurado se encuentre imposibilitado para generar u obtener, mediante un trabajo igual, una remuneración superior al cincuenta por ciento de su remuneración habitual percibida durante el último año de trabajo, siempre y cuando esa imposibilidad sea consecuencia de una enfermedad o accidente no profesionales. Para que la invalidez sea considerada como tal en este ramo, debe ser declarada por el IMSS.

La única prestación en especie que proporciona este ramo es la asistencia médica en los mismos términos en que se ofrece en el seguro de enfermedades. Se puede gozar de esta prestación cuando se tengan cotizadas ante el IMSS doscientas cincuenta semanas, pero si la imposibilidad para obtener un salario es mayor al setenta y cinco por ciento, entonces las semanas cotizadas necesarias son solo ciento cincuenta.

En lo que respecta a las prestaciones económicas del ramo de invalidez, el artículo 120 de la Ley del Seguro Social establece que son la pensión temporal, la pensión definitiva, las asignaciones familiares y la ayuda asistencial.

La *pensión temporal* es proporcionada por el IMSS por períodos renovables al trabajador asegurado cuando existe la posibilidad de que recupere su posibilidad para trabajar, o en el caso de que continúe la enfermedad no profesional y se termine el disfrute del subsidio, pero la enfermedad persista. La pensión temporal tiene un monto equivalente al treinta y cinco por ciento del promedio de los salarios registrados ante el IMSS en las últimas doscientas cincuenta semanas de cotización previas a la declaración de invalidez. Esta pensión debe comenzar a recibirse desde el día en que se produce la causa de la invalidez, pero si no puede fijarse el día, entonces desde la fecha de la presentación de la solicitud para obtenerla. Para obtener y conservar esta pensión, el trabajador pensionado debe someterse a las investigaciones de carácter médico, social y económico que el IMSS estime necesarias, así como a los exámenes previos o posteriores y a los tratamientos médicos prescritos por el IMSS, de lo contrario, la pensión no se otorgará o se suspenderá, según sea el caso, hasta tanto se retomen dichas investigaciones, exámenes y tratamientos. Para tener derecho a esta prestación económica, se requieren las mismas semanas cotizadas ante el IMSS que se han señalado en la prestación relativa a la asistencia médica de este ramo.

Tratándose de la *pensión definitiva*, esta se otorga cuando el IMSS estima que el estado de invalidez del trabajador asegurado es permanente. El monto de esta pensión, los requisitos para obtenerla y conservarla, así como el momento en que inicia su derecho a gozarla, son los mismos que se han señalado en la pensión temporal.

Las *asignaciones familiares* consisten en una ayuda por concepto de carga familiar y se concede a los beneficiarios del trabajador asegurado que recibe una pensión por invalidez. El artículo 138 de la Ley del Seguro Social señala los montos y los requisitos que para cada beneficiario se establecen:

- Para la esposa(o) o concubina(rio) del pensionado, el quince por ciento de la cuantía de la pensión de invalidez.
- Para cada uno de los hijos menores de dieciséis años del pensionado, el diez por ciento de la cuantía de la pensión.
- Para cada uno de los hijos del pensionado mayores de quince años y menores de veintiséis años que se encuentren estudiando en planteles educativos autorizados, el diez por ciento de la cuantía de la pensión.
- Para cada uno de los hijos del pensionado que no pueden mantenerse por sí mismos, debido a su inhabilitación para trabajar por enfermedad crónica, física o psíquica, el diez por ciento de la cuantía de la pensión.

- Si el pensionado no tuviera ni esposa(o) o concubina(rio), ni hijos menores de dieciséis años, se le concederá una asignación del diez por ciento a cada uno de los padres del pensionado si dependieran económicamente de él.
- Si el pensionado no tuviera ni esposa(o) o concubina(rio), ni hijos, ni ascendientes que dependan económicamente de él, se le concede al propio pensionado una ayuda asistencial equivalente al quince por ciento de la cuantía de la pensión que le corresponda.
- Si el pensionado solo tuviera un ascendiente con derecho al disfrute de asignación familiar, se le concede al propio pensionado una ayuda asistencial equivalente al diez por ciento de la cuantía de la pensión que deba disfrutar.

Es importante señalar que las asignaciones familiares se entregan de preferencia al propio pensionado, pero la correspondiente a los hijos puede entregarse a la persona o institución que los tenga bajo su cargo directo, en el caso de no vivir con el pensionado. Las asignaciones familiares cesan con la muerte del beneficiario que tiene derecho a recibirla, pero en el caso de los hijos, termina con la muerte de estos o cuando cumplan los dieciséis años si no están imposibilitados para trabajar, o bien a los veintiséis años si están estudiando en un plantel educativo autorizado.

La *ayuda asistencial* es un apoyo económico que se le otorga al pensionado por invalidez, cuando su estado físico requiera, ineludiblemente, que lo asista otra persona de manera permanente o continua, de acuerdo con el dictamen médico que formule el IMSS. De acuerdo con el artículo 140 de la Ley del Seguro Social, la ayuda asistencial consiste en aumentar hasta en un veinte por ciento la pensión de invalidez que esté disfrutando el pensionado. Si el pensionado no tiene beneficiarios, esta ayuda no puede disfrutarse.

También se considera una ayuda asistencial la *licencia por cuidados médicos de los hijos* que se otorga a las madres o padres trabajadores asegurados cuyos hijos de hasta dieciséis años hayan recibido un diagnóstico, por parte del IMSS, de cáncer de cualquier tipo. Esta licencia, de acuerdo con el artículo 140 Bis de la Ley del Seguro Social, le permite al trabajador asegurado ausentarse de sus labores en caso de que su hijo diagnosticado requiera de descanso médico en los períodos críticos de tratamiento o de hospitalización durante el tratamiento médico, de acuerdo con la prescripción del médico que trata al menor, incluyendo, en su caso, el tratamiento destinado al alivio del dolor y los cuidados paliativos por cáncer avanzado. La licencia puede tener una vigencia de uno y hasta veintiocho días, y pueden expedirse las licencias que sean necesarias durante un período máximo de tres años, con la limitación de que el total de días concedidos por este tipo de licencias no exceda de trescientos sesenta y cuatro, los cuales no necesariamente deberán ser continuos. Mientras dure la licencia, el trabajador asegurado tiene derecho a gozar de un subsidio económico equivalente al sesenta por ciento del último salario diario de cotización registrado por el patrón en el IMSS.

Para tener derecho tanto a la licencia como al subsidio por esta, el trabajador asegurado debe solicitarla y cumplir con dos requisitos: tener a su cargo el ejercicio de la patria potestad, la guarda y custodia del menor (en ningún caso se puede otorgar dicha licencia a ambos padres trabajadores del menor diagnosticado), y haber cubierto por lo menos treinta cotizaciones semanales ante el IMSS en el período de los doce meses anteriores a la fecha del diagnóstico, o tener registradas, al menos, cincuenta y dos semanas de cotización inmediatamente previas al inicio de la licencia. Esta licencia cesa cuando el menor no requiera de hospitalización o de reposo médico en los períodos críticos del tratamiento, o porque el menor fallece, o cuando el hijo cumple dieciséis años, o cuando el trabajador asegurado que solicitó la licencia es contratado por un nuevo patrón.

Ramo de vida. El derecho a la seguridad social les permite a los familiares del trabajador asegurado o del pensionado por invalidez gozar de prestaciones en especie y en dinero cuando este muere.

La prestación en especie con que cuentan los beneficiarios de este ramo es la asistencia médica en los mismos términos en que se ofrece en el seguro de enfermedades. Los beneficiarios de esta prestación la pueden disfrutar si la muerte del asegurado o pensionado por invalidez no es consecuencia de un riesgo de trabajo, y cuando el asegurado, al fallecer, tenga cotizadas ante el IMSS ciento cincuenta semanas, o se encontrara disfrutando de una pensión de invalidez.

En relación con las prestaciones en dinero, el artículo 127 de la Ley del Seguro Social señala que pueden consistir en pensión de viudez, pensión de orfandad, pensión a ascendientes y ayuda asistencial a la pensionada por viudez, en los casos en que lo requiera, de acuerdo con el dictamen médico que el IMSS formule.

La *pensión de viudez* se le otorga a la persona que fue esposa del asegurado o pensionado por invalidez en el momento de su muerte. Si no tiene esposa, entonces tendrá derecho a recibir la pensión la mujer con quien el asegurado o pensionado por invalidez vivió como si fuera su esposo, durante los cinco años que precedieron inmediatamente a la muerte del asegurado o pensionado, o con la mujer que hubiera tenido hijos, siempre que ambos hayan permanecido libres de matrimonio durante el concubinato. En el supuesto de que al morir el asegurado o pensionado por invalidez tuviera varias concubinas, ninguna de ellas tendrá derecho a recibir la pensión. Del mismo derecho a la pensión gozan el viudo o concubinario que dependiera económicamente de la trabajadora asegurada o pensionada por invalidez. La pensión de viudez es de un monto equivalente al noventa por ciento de la pensión que le hubiera correspondido al asegurado en el caso de invalidez o de la pensión de invalidez que venía disfrutando. Si embargo, si la viuda no comprueba que tuvo hijos con el asegurado o pensionado, no podrá tener derecho a la pensión cuando, al morir el asegurado, no se hayan cumplido seis meses de matrimonio, o si contrajo matrimonio con el asegurado después de haber cumplido este los cincuenta y cinco años de edad, a menos que, a la fecha de la muerte, haya transcurrido un año desde la celebración del enlace, o cuando al contraer matrimonio el asegurado recibiera una pensión de invalidez, vejez o cesantía en edad avanzada, a menos que, a la fecha de la muerte, haya transcurrido un año desde la celebración del matrimonio.

Cabe mencionar que el derecho al goce de la pensión de viudez comienza desde el día del fallecimiento del asegurado o pensionado por invalidez y cesa con la muerte de la viuda, viudo, concubina o concubinario, o cuando alguno de estos beneficiarios contraigan matrimonio o inicien una vida de concubinato. Los beneficiarios gozarán de esta pensión aunque desempeñen un trabajo remunerado. La viuda, viudo, concubina o concubinario pensionados que contraigan matrimonio, podrán recibir una suma global equivalente a tres anualidades de la cuantía de la pensión que disfrutaban.

La *pensión de orfandad* tienen derecho a recibirla cada uno de los hijos menores de dieciséis años, cuando alguno de los padres muera. El padre que fallezca debió haber sido un trabajador asegurado con al menos ciento cincuenta semanas cotizadas ante el IMSS o tener la calidad de pensionado por invalidez. La pensión de orfandad puede prorrogarse después de alcanzar el huérfano la edad de dieciséis años y hasta la edad de veinticinco, si se encuentra estudiando en planteles educativos autorizados, siempre y cuando no esté inscrito como trabajador en el IMSS, y en función de las condiciones económicas, familiares y personales del huérfano. Sin embargo, si el huérfano mayor de dieciséis años desempeña un trabajo remunerado, pero no puede mantenerse debido a una enfermedad crónica, defecto físico o psíquico, podrá seguir recibiendo la pensión.

La pensión de orfandad por la muerte de uno solo de los padres es de un monto equivalente al veinte por ciento de la pensión de invalidez que el asegurado estuviese gozando al fallecer o de la que le hubiera correspondido en el caso de haber presentado una situación de invalidez. Ahora bien, si el huérfano lo fuera por el fallecimiento de ambos padres, su pensión será de un treinta por ciento en el momento que se suscite la muerte del segundo padre. La pensión de orfandad comienza desde el día del fallecimiento del asegurado o pensionado por invalidez y cesará con la muerte del beneficiario, o cuando este haya alcanzado los dieciséis años, o una edad mayor, de acuerdo con lo que se ha mencionado en los párrafos anteriores.

Por lo que toca a la *pensión por ascendencia*, esta se otorga a cada uno de los ascendientes que dependían económicamente del asegurado o pensionado por invalidez, cuando no haya viuda, viudo, huérfanos, ni concubina o concubinario como beneficiarios. Esta pensión es por una cantidad igual al veinte por ciento de la pensión que el asegurado estuviese gozando al fallecer, o de la que le hubiera correspondido en el supuesto del estado de invalidez.

La *ayuda asistencial a la pensionada por viudez* se otorga con las mismas características que para el pensionado por invalidez que ya se analizaron en el ramo respectivo.

Al igual que en el caso del seguro de enfermedades y maternidad, el derecho a la seguridad social proporciona el derecho a continuar con los beneficios del seguro de invalidez y vida después de que el asegurado deje de pertenecer al régimen obligatorio, es decir, después de que deje de estar inscrito en el IMSS. Sin embargo, este beneficio no es indefinido, sino que el asegurado conservará los derechos que tuviera adquiridos a pensiones en el seguro de invalidez y vida, según el artículo 150 de la Ley del Seguro Social, por un período igual a la cuarta parte del tiempo cubierto por sus cotizaciones semanales, contado a partir de la fecha de su baja, precisando que este tiempo de conservación de derechos no será menor de doce meses.

Seguro de retiro, cesantía en edad avanzada y vejez

El derecho a la seguridad social, a través del seguro de retiro, cesantía en edad avanzada y vejez, protege al trabajador asegurado que ya no desea o no puede seguir trabajando debido a su edad. También se protege a los familiares del pensionado con este seguro cuando fallece.

Este seguro, en términos generales, permite proteger al asegurado para que reciba prestaciones en especie y en dinero desde que cumple los sesenta años y si ha acumulado ciertas semanas de cotización ante el IMSS.

Ramo de cesantía en edad avanzada. Esta figura se presenta cuando el trabajador asegurado queda privado de la posibilidad de realizar trabajos remunerados a partir de los sesenta años. Esta contingencia no debe originarse ni por un riesgo de trabajo, ni por una enfermedad no profesional. De acuerdo con el artículo 154 de la Ley del Seguro Social, los beneficios de este ramo se otorgan cuando el asegurado, además se cumplir con la edad mencionada, tenga reconocidas ante el IMSS un mínimo de mil doscientas cincuenta cotizaciones semanales.

La prestación en especie que se le otorga al asegurado en este ramo es la *asistencia médica* en los mismos términos en que se ofrece en el seguro de enfermedades analizado en apartados anteriores. En relación con las prestaciones en dinero, el seguro en análisis contempla la pensión, las asignaciones familiares y la ayuda asistencial.

La *pensión* es una cantidad de dinero que el trabajador asegurado recibe desde que reúne los requisitos señalados en los párrafos anteriores y hasta que fallezca. Sin embargo, a diferencia de las distintas pensiones que se han analizado dentro del derecho a la seguridad social, el monto de la pensión no está determinado en la Ley del Seguro Social en función de un porcentaje, sino que depende de la cantidad que el trabajador asegurado ha ahorrado (vía descuentos que le ha hecho su patrón en la nómina y las propias aportaciones que al patrón hace) en su Administradora de Fondos para el Retiro (AFORE), durante el tiempo que ha estado inscrito en el IMSS. Entonces, para que la pensión pueda entregarse, es necesario que se cumplan los siguientes supuestos:

- Que en el momento en que se inscribió al trabajador en el IMSS, también haya escogido una AFORE para en ella abrir una cuenta individual, que opera básicamente como una cuenta de ahorros.
- Que durante el tiempo que el trabajador estuvo inscrito en el IMSS, sus distintos patrones hayan depositado en su cuenta individual la cantidad que le corresponde por concepto del seguro de retiro, cesantía en edad avanzada y vejez. Estos depósitos dependen del salario del trabajador.
- Que, al momento de solicitar su pensión, el trabajador tomara alguna de las siguientes decisiones:
    - Recibir su pensión por medio de una *renta vitalicia*, es decir, una cantidad de dinero determinada que, durante el resto de su vida, le entregará su AFORE, una vez que haya firmado el contrato que da origen a dicha renta vitalicia. Esta renta vitalicia se actualiza anualmente en el mes de febrero conforme al Índice Nacional de Precios al Consumidor, o
    - Recibir su pensión a través de *retiros programados* que se hagan del saldo que tenga en su cuenta individual. El trabajador, en cualquier momento, tiene la posibilidad de cambiar esta decisión por la que tiene que ver con la renta vitalicia.

La pensión, entonces, no es entregada por el IMSS, sino por la AFORE que el trabajador asegurado haya seleccionado. La pensión que reciba el asegurado, desde la fecha de la solicitud y hasta su muerte, en ningún caso podrá ser menor a un salario mínimo, y si por alguna razón los recursos del asegurado en su AFORE no alcanzan para pagar durante todo este tiempo la pensión, entonces el IMSS comenzará a pagar una pensión garantizada (un salario mínimo mensual) hasta la muerte del asegurado.

Hay que precisar que el pensionado que ya esté disfrutando de una pensión de cesantía en edad avanzada no tendrá derecho a solicitar posteriormente una pensión por vejez o por invalidez.

Con relación a las *asignaciones familiares* y la *ayuda asistencial* que contempla el ramo de cesantía en edad avanzada, dichas prestaciones se otorgan con las mismas características y requisitos que se analizaron en el seguro de invalidez y vida.

Ramo de retiro. La protección de este seguro opera cuando el trabajador asegurado es menor de sesenta años y no tiene la posibilidad de continuar trabajando por alguna circunstancia que no se origine ni en un riesgo de trabajo, ni en una enfermedad no profesional, pero que, además, haya cotizado al menos mil doscientas cincuenta semanas ante el IMSS, de acuerdo a lo que establece el artículo 158 de la Ley del Seguro Social.

Las prestaciones de este seguro son las mismas a las que tiene derecho un asegurado en caso de que se pensione por el ramo de cesantía en edad avanzada.

Por una razón de tipo proteccionista hacia el trabajador, esta pensión no podrá otorgarse si, al hacer el cálculo de la renta vitalicia o de los retiros programados, el monto de la pensión no es superior al treinta por ciento del salario mínimo, por lo que entonces el trabajador tendrá que esperar a que cumpla la edad de sesenta años para solicitar la pensión por cesantía en edad avanzada.

Ramo de vejez. De acuerdo con lo que señala el artículo 161 de la Ley del Seguro Social, este ramo protege al trabajador cuando ya no puede continuar trabajando como consecuencia de una situación que no tenga que ver con un riesgo de trabajo o una enfermedad no profesional, tenga sesenta y cinco años o más, y haya cotizado al menos mil doscientas cincuenta semanas ante el IMSS.

Las prestaciones en especie y en dinero para este ramo son idénticas a las del ramo de cesantía en edad avanzada, incluyendo los requisitos para gozar de cada una de tales prestaciones.

Seguro de guarderías y prestaciones sociales

El derecho a la seguridad social también contempla la protección del trabajador en circunstancias que pudieran afectar de manera indirecta su oportunidad para laborar de manera plena, por lo que ofrece al trabajador asegurado la posibilidad de tener acceso a guarderías y determinadas prestaciones sociales, cuya utilización le generan un alto grado de tranquilidad para acudir a trabajar.

Ramo de guarderías. Esta protección se proporciona al trabajador asegurado cuando no puede proporcionar cuidados a sus hijos menores de cuatro años durante la jornada de trabajo. De acuerdo con *artículo 201 de la Ley del Seguro Social*, tiene derecho a esta protección la mujer trabajadora, el trabajador viudo o divorciado, o cualquiera de los padres a quien, por disposición de una sentencia de un juez, se le confíe la custodia de sus hijos, en el entendido de que alguno de estos padres es asegurado del IMSS. También se extiende la protección a todo asegurado que, por la decisión de un juez, ejerce la patria potestad y la custodia de un menor de cuatro años, aunque no sea su hijo, siempre y cuando estén vigentes sus derechos ante el IMSS y no pueda atender y cuidar al niño o niña durante su jornada de trabajo. El derecho al servicio de guardería se disfruta desde el primer día en que el trabajador se inscribe en el IMSS.

El servicio de guardería se proporciona en el turno matutino para los trabajadores de ese turno y en el turno vespertino para los que laboran en tal turno; sin embargo, en el caso de los trabajadores que laboran en una jornada nocturna, estos pueden escoger cualquiera de los turnos para que se les proporcione el servicio al menor.

Para poder proporcionar el servicio de guardería, el IMSS establece instalaciones especiales (guarderías) o conviene con particulares para que, en sus guarderías, se reciba a los niños. Por disposición de la Ley del Seguro Social, el servicio de guardería se proporciona a los menores desde la edad de cuarenta y tres días y hasta que cumplan cuatro años, es decir, desde el día siguiente al día en que termina la licencia por maternidad y hasta que ingresan al nivel de preescolar. Como mínimo, el servicio de guardería incluye el aseo, la alimentación, el cuidado de la salud, la educación y la recreación de los menores.

Es necesario especificar que el propósito de la protección del ramo de guarderías, el cual no deben pasar por alto quienes dirigen las guarderías y quienes laboran en ellas, está señalado en el artículo 202 de la Ley del Seguro Social y consiste en cuidar y fortalecer la salud del niño o la niña y su buen desarrollo futuro, así como la formación de sus sentimientos de adhesión hacia la familia y la sociedad, la adquisición de conocimientos que promuevan la comprensión, el empleo de la razón y de la imaginación, y que los pequeños adquieran hábitos higiénicos y de sana convivencia y cooperación en un entorno de propósitos y metas comunes. Quienes estén en contacto directo con el cuidado de los menores debe promover todo lo anterior de manera sencilla, considerando la edad de los niños y niñas, sin perder de vista su realidad social y con absoluto respeto a los elementos formativos que solamente incumben a su propia familia.

En el caso de que el asegurado deje de estar inscrito en el IMSS, podrá conservar el derecho a gozar de los beneficios del servicio de guardería hasta cuatro semanas posteriores a dicha situación.

Ramo de prestaciones sociales. De acuerdo con el artículo 208 de la Ley del Seguro Social, las prestaciones sociales incluyen las prestaciones sociales institucionales y las prestaciones de solidaridad social.

Las *prestaciones sociales institucionales* tienen el objetivo de fomentar la salud del asegurado y sus familiares, prevenir enfermedades y accidentes de trabajo o no profesionales, y contribuir a elevar el nivel de vida del trabajador. Para ello, el IMSS proporciona atención a sus derechohabientes a través de distintos servicios y programas de prestaciones sociales que buscan fortalecer la medicina preventiva y el autocuidado de la salud, así como mejorar la economía e integridad familiares.

Los programas a través de los cuales el IMSS proporciona las prestaciones sociales institucionales son muy variados y abarcan la promoción de la salud, la educación higiénica, el mejoramiento de la calidad de vida, el impulso y desarrollo de actividades culturales y deportivas, la promoción de la regularización del estado civil, la impartición de cursos de adiestramiento técnico y de capacitación para el trabajo, la facilitación del acceso a centros vacacionales, la formación acerca del aprovechamiento de los recursos económicos y de mejores prácticas de convivencia, y el establecimiento y la administración de velatorios.

Las *prestaciones de solidaridad social* incluyen acciones de salud comunitaria, asistencia médica, farmacéutica e incluso hospitalaria. A diferencia de los otros ramos y seguros estudiados, estas prestaciones no están dirigidas exclusivamente a los asegurados, sino también a los núcleos de población con una profunda marginación rural, suburbana y urbana. Para poder ofrecer estas prestaciones, el IMSS, de acuerdo con el artículo 215 de la Ley del Seguro Social, puede hacer uso de las instalaciones, clínicas u hospitales que se destinan para dar cobertura a los derechohabientes, pero también, si la situación lo amerita y los recursos económicos lo permiten, puede organizar, establecer y operar unidades médicas para tal efecto.

La asistencia médica, farmacéutica y hospitalaria que contemplan estas prestaciones pueden ofrecerse a personas que no son derechohabientes en caso de situaciones de emergencia nacional, regional o local o, en caso de siniestros o desastres naturales; cuando se trate de campañas de vacunación, atención o promoción a la salud; y en apoyo a programas de combate a la marginación y la pobreza, cuando así lo requiera el gobierno federal.

Inscripción voluntaria en el régimen obligatorio

Aunque los seguros que se han analizado otorgan beneficios a personas que por disposición legal tienen que estar inscritos en el IMSS, es posible que algunos de estos beneficios se puedan ofrecer a personas que, no teniendo el derecho de estar inscritos, de manera voluntaria deciden continuar con su inscripción en la institución o inscribirse voluntariamente.

Continuación voluntaria. La protección que ofrece el derecho a la seguridad social también contempla la situación de que un trabajador asegurado, al no continuar inscrito en el IMSS y haya pasado el tiempo de conservación de derechos que cada uno de los seguros antes analizados contempla, pueda seguir gozando de algunos beneficios del régimen obligatorio. Esta continuación será ahora de manera voluntaria, ya que la persona tendrá que hacer un convenio con el IMSS para, precisamente, continuar en el régimen obligatorio. La continuación voluntaria, señalada en el artículo 218 de la Ley del Seguro Social, opera exclusivamente para el seguro de invalidez y vida, así como para el seguro de retiro, cesantía en edad avanzada y vejez, siempre y cuando la persona haya cotizado, en los cinco años previos, al menos cincuenta y dos semanas. Sin embargo, el asegurado debe tener claro que, a partir de la continuación voluntaria, él es quien debe pagar directamente y por adelantado sus cuotas mensuales al IMSS, con base en su último salario registrado.

La oportunidad de continuar voluntariamente debe solicitarse por escrito al IMSS, antes de que transcurran cinco años de la fecha en la que el asegurado fue dado de baja de la institución. En caso de que se solicitara esta continuación voluntaria, la misma puede terminar si se realiza una declaración expresa firmada por el asegurado, si el asegurado deja de pagar las cuotas durante dos meses, o si el asegurado es dado de alta nuevamente en el régimen obligatorio.

Incorporación voluntaria. También con el propósito de ampliar la cobertura de la protección por la seguridad social, el artículo 222 de la Ley del Seguro Social prevé la posibilidad de que las personas o grupo de personas, de manera voluntaria, a través de un convenio con el IMSS, puedan incorporarse al régimen obligatorio que hemos analizado en este apartado. Al igual que en la continuación voluntaria, en la incorporación voluntaria es la persona en lo individual quien debe hacerse cargo de pagar la cuota del IMSS, con la diferencia de que esta cuota es anual y se paga por adelantado.

El acceso a la protección de la seguridad social por este medio presenta ciertos requisitos o limitaciones que se señalan a continuación:

- Para los trabajadores en industrias familiares y los independientes, los profesionales, los comerciantes en pequeño, artesanos y demás trabajadores no asalariados, así como los ejidatarios, comuneros, colonos y pequeños propietarios, la cobertura consiste exclusivamente en las prestaciones en especie del seguro de enfermedades y maternidad, y las correspondientes a los seguros de invalidez y vida, así como de retiro y vejez, en las mismas condiciones que ya se analizaron.
- Para los patrones que son personas físicas con trabajadores asegurados a su servicio, se les protege con las prestaciones en especie y en dinero del seguro de riesgos de trabajo, y también con las prestaciones en especie ya analizadas del seguro de enfermedades y maternidad y las correspondientes a los seguros de invalidez y vida, así como de retiro y vejez.
- En el caso de los trabajadores al servicio de las administraciones públicas de la Federación, entidades federativas y municipios que estén excluidas o no comprendidas en otras

leyes o decretos como sujetos de seguridad social, cuentan con todas las prestaciones del seguro de riesgos de trabajo, con las prestaciones en especie del seguro de enfermedades y maternidad, con las prestaciones en especie de los seguros de invalidez y vida, así como las prestaciones en especie del seguro de retiro, cesantía en edad avanzada y vejez.

La característica de estar incorporado de manera voluntaria en el IMSS deja de tener efectos cuando el asegurado ya no se encuentra dentro de alguno de los sectores señalados en los párrafos anteriores, declara expresamente que no desea continuar, o cuando no paga la cuota anual.

Régimen voluntario

En los primeros párrafos de este apartado se hizo el señalamiento de que la protección de la seguridad social busca que los trabajadores y sus familiares tengan distintos beneficios que les permitan tener la certeza de apoyo en caso de que su salud se vea afectada o cuando acontezca la muerte del trabajador. Sin embargo, hay un grupo personas que no reúnen las características que plantea el régimen obligatorio; esencialmente, no son trabajadores que laboran para alguien a cambio de un salario. Para estas personas, la Ley del Seguro Social en su Título Tercero establece el régimen voluntario, al cual se tienen acceso por medio de un convenio con el IMSS y que permite la posibilidad de gozar de las prestaciones en especie de ciertos seguros que se contemplan en el régimen obligatorio.

Estos beneficios se agrupan en el *seguro de salud para la familia* y los *seguros adicionales*, bajo las siguientes características:

- El *seguro de salud para la familia* parte de la idea de que todas las familias en México tienen derecho a un seguro de salud para sus miembros, por lo que este seguro otorga las prestaciones en especie del seguro de enfermedades y maternidad, en los términos que ya hemos analizado, a los miembros de la familia que también fueron estudiados (padre, madre, hijos y abuelos). Quienes formen parte de este seguro deben pagar una cuota anual al IMSS de forma adelantada.
- Los *seguros adicionales* se establecen para poder satisfacer las prestaciones económicas pactadas en los contratos colectivos de trabajo que fueran superiores a las de la misma naturaleza que establece el régimen obligatorio del seguro social.

Analizados entonces los distintos seguros que contempla la Ley del Seguro Social, se puede decir que el sistema hasta ahora establecido con el propósito de garantizar el derecho de la seguridad social señala los estándares mínimos en relación a que los asegurados reciban atención a su salud; que se les proporcione prestaciones en efectivo a los trabajadores inscritos en el IMSS durante el tiempo que no puedan laborar a causa de una incapacidad por un accidente o enfermedad; que los asegurados mayores de sesenta años tengan acceso a prestaciones; que, en la contingencia de pérdida de empleo o falta de ingresos, se tenga la opción de recibir prestaciones por un período suficiente; y que los trabajadores tengan la certeza de recibir protección en caso de sufrir algún accidente laboral. Dichos estándares, como ha podido percibir el emprendedor, tienen un impacto en la dignidad de los trabajadores y en el óptimo rendimiento de una empresa.

10

DERECHO A LA PROTECCIÓN JUDICIAL DE LOS DERECHOS LABORALES

El desarrollo de este último apartado tiene la finalidad de que el emprendedor pueda diferenciar las distintas etapas que conforman el proceso para defender los derechos humanos laborales ante un tribunal y, al mismo tiempo, evaluar la efectividad del juicio laboral para proteger los derechos humanos laborales.

Para apoyar la finalidad señalada, se le pide al emprendedor que preste atención a las circunstancias laborales de Irlanda, una trabajadora que a lo largo de cuatro años ha trabajado para una importante empresa en la ciudad. Durante ese tiempo, Irlanda ha tratado en varias ocasiones de ascender de puesto, solicitado un aumento de salario, pedido que se le entregue una copia de su contrato de trabajo y de los recibos de pago, requerido una explicación de por qué está inscrita en el IMSS con el salario mínimo, siendo que ella gana cuatro veces dicho salario, y expresado una serie de reclamos que ella considera son justificables porque afectan las condiciones en que realiza sus labores. Sin embargo, el área de recursos humanos de la empresa ha respondido con evasivas a sus cuestionamientos y solicitudes, e incluso le han insinuado que si no está a gusto en la empresa puede renunciar en cualquier momento.

Derivado de la situación planteada, el emprendedor podrá reflexionar al respecto si se formula las siguientes preguntas:

- ¿Debe la trabajadora renunciar y olvidarse del asunto?
- ¿Se le tendría que considerar como una mala trabajadora por reclamar sus derechos?
- ¿Reclamar a su empresa es la única forma de defender sus derechos laborales?
- ¿Existe algún mecanismo fuera de la empresa que le permita proteger sus derechos?
- ¿De quién es la responsabilidad de proteger los derechos de la trabajadora?

El derecho a la protección judicial de los derechos laborales tiene reconocimiento en el artículo 17 de la Constitución Política de los Estados Unidos Mexicanos, el artículo 8.1 de la Convención Americana sobre los Derechos Humanos y en el artículo 14.1 del Pacto Internacional de Derechos Civiles y Políticos. Específicamente, la constitución establece una serie de pautas respecto a la administración de la justicia que imparte el Estado a través del poder judicial; entre ellas, la materia laboral. En primer lugar, establece que ninguna persona puede hacerse justicia por sí misma, ni ejercer violencia para reclamar su derecho. Para ello, el poder judicial dispone de un aparato de administración al cual toda persona tiene derecho a acceder, tanto patrones como trabajadores. Al respecto, el mismo precepto dispone que toda persona tiene derecho a que se le administre justicia por tribunales cuando considere que sus derechos laborales no han sido respetados o las obligaciones en materia del trabajo no han sido cumplidas, por lo que estos tribunales deben estar dispuestos para impartirla en los plazos y términos que fijen las leyes, dictando sus resoluciones de manera rápida, completa e imparcial. Esta administración de justicia es gratuita, por lo que no se pueden establecer gastos judiciales.

De acuerdo con Molina (2017), uno de los aspectos centrales para garantizar el acceso a la justicia laboral, y que ha sido y sigue siendo uno de los principales problemas en nuestro país, es el garantizar que todos los trabajadores tengan derecho a una defensa adecuada. En este sentido, tanto a nivel federal como en cada una de las entidades federativas, se debe garantizar la existencia de un servicio de defensoría del trabajo.

El trabajo de los tribunales laborales debe caracterizarse por su imparcialidad. Para contribuir a ello, la Ley Federal del Trabajo, en su reforma del 2019, establece los medios necesarios para que se garantice la independencia de los tribunales y la plena ejecución de sus resoluciones, y, sobre todo, la rapidez con que se resuelvan los asuntos.

Competencia de los tribunales laborales

Les corresponde a los tribunales laborales federales, o a los tribunales laborales de cada estado de la república, el conocer y resolver los conflictos de trabajo que se susciten entre trabajadores y patrones, o entre solo trabajadores, o entre solo patrones, derivados de las relaciones de trabajo o de hechos relacionados con ellas. Dentro de estos conflictos se encuentran los que tengan vinculación con la afectación de los derechos humanos laborales.

Sin embargo, los tribunales laborales tienen un límite de tiempo para conocer los asuntos, debido a que la posibilidad de intervenir para resolverlos no está prescrita, es decir, no se ha vencido la oportunidad de acudir a los tribunales por el paso del tiempo, por lo que trabajadores y patrones deben identificar, antes de acudir a un tribunal, si están a tiempo para hacerlo. El Título Décimo de la Ley Federal del Trabajo señala los tiempos en que vence la posibilidad de acudir a los tribunales laborales:

- Los trabajadores o patrones tienen hasta un año para presentar cualquier tipo de asunto que tenga que ver con el incumplimiento de un derecho o una obligación de tipo laboral, entre ellas las relacionadas a los derechos humanos laborales. Este tiempo se cuenta desde el día siguiente en que no se respetó el derecho o se incumplió la obligación, a no ser que se trate de los asuntos que se mencionan en los puntos siguientes.
- Los patrones tienen hasta un mes para hacer del conocimiento los asuntos relacionados con el despido de trabajadores, cuando no ha sido posible notificar personalmente el despido al trabajador o este se negó a recibir el aviso de despido. El plazo comienza a contarse desde la fecha en que sucedieron los hechos que dan motivo al despido o desde el momento en que el patrón tuvo conocimiento de ellos, por lo que, dentro del mes señalado, el patrón debe realizar lo conducente dentro de la empresa si ha decidido despedir al trabajador.
- Los trabajadores tienen hasta un mes para iniciar un proceso legal si han tomado la decisión de separarse del trabajo por causas atribuibles a patrón, y dicha separación no es posible realizarla o acordarla de manera directa con el patrón. Este plazo corre a partir de la fecha en que se tenga conocimiento de la causa de separación.

- Los trabajadores tienen hasta dos meses para presentar su caso cuando se relacione con el hecho de ser despedidos de su trabajo. El tiempo corre a partir del día siguiente del despido.
- Los trabajadores tienen hasta dos años para presentar un asunto relacionado con el reclamo del pago de indemnizaciones por riesgo de trabajo.
- Los beneficiarios de un asegurado tienen hasta dos años para hacer del conocimiento sus reclamos sobre el pago de pensiones derivadas de la muerte por riesgos de trabajo.
- Los patrones o trabajadores tienen hasta dos años para solicitar la ejecución de la sentencia del propio tribunal laboral y de los convenios celebrados ante este.

Los tribunales laborales, entonces, tienen la obligación de administrar justicia en los asuntos que se les presenten o hagan de su conocimiento, siempre y cuando sea dentro de los plazos antes señalados.

Identificados los plazos que trabajadores y patrones tienen para pedir que los tribunales laborales intervengan en la solución de un conflicto de carácter laboral, es necesario reconocer a qué tribunal hay solicitar su intervención, si a un tribunal laboral federal o a un tribunal laboral local (del estado de la república). Tanto la fracción XXXI del Apartado A del artículo 123 constitucional, como el artículo 527 de la Ley Federal del Trabajo, establecen que los tribunales laborales federales son los competentes para conocer de los conflictos laborales que se susciten en empresas cuyo giro o actividad principal está relacionado con la rama de la industria o servicio siguiente:

Textil	Eléctrica	Cinematográfica	Hulera
Azucarera	Minera	Metalúrgica y siderúrgica	De hidrocarburos
Petroquímica	Cementera	Calera	Servicios de banca y crédito
Ferrocarrilera	De celulosa y papel	De aceites y grasas vegetales	Tabacalera
Maderera básica	Química, incluyendo la química farmacéutica y los medicamentos	Elaboradora de bebidas que sean envasadas o enlatadas o que se destinen a ello	Fabricación de vidrio plano, liso o labrado
Productora de alimentos empacados, enlatados o envasados, o que se destinen para ello	Automotriz, incluyendo autopartes mecánicas o eléctricas	Empresas administradas en forma directa o descentralizada por el Gobierno Federal	Empresas que actúen en virtud de un contrato o concesión federal y las industrias que les sean conexas
Empresas que ejecuten trabajos en zonas federales o que se encuentren bajo jurisdicción federal, en las aguas territoriales o en las comprendidas en la zona económica exclusiva de la nación.			

Lo anterior significa que todos aquellos conflictos en materia laboral que no se originen en las empresas o giros antes mencionados deben ser resueltos por el tribunal laboral local del lugar de residencia de la empresa o sucursal en donde se presta o prestaron los servicios, aunque el trabajador puede optar por que el asunto sea del conocimiento del tribunal laboral en donde reside el patrón o donde se celebró el contrato de trabajo.

Conciliación prejudicial

No obstante que los trabajadores o patrones puedan considerar que la manera de solucionar sus conflictos es acudiendo a un tribunal laboral, la Ley Federal del Trabajo los obliga a que, antes de que presenten su asunto a dichos tribunales, agoten un *procedimiento de conciliación*, y, si terminado este, continúan con el objetivo de iniciar un juicio laboral, lo pueden hacer.

Para que el procedimiento de conciliación inicie, es necesario que el trabajador o el patrón lo soliciten al centro de conciliación que puede conocer del asunto, ya sea federal o local, bajo los mismos criterios que se analizaron en la competencia de los tribunales laborales. Según lo establece el artículo 684-C de la Ley Federal del Trabajo, la solicitud de conciliación debidamente firmada debe contener los siguientes datos:

- El nombre, CURP y domicilio de quien solicita la conciliación. Es necesario que el solicitante acompañe su solicitud con una copia de su identificación oficial y de un comprobante de su domicilio.
- El nombre y domicilio de la persona, sindicato o empresa a quien se requiere que acuda a la cita para la conciliación prejudicial, es decir, su contraparte. Si el solicitante es el trabajador e ignora el nombre de su patrón o empresa de la cual se solicita la conciliación, basta con señalar el domicilio donde prestó sus servicios.
- La razón o conflicto por el cual se está requiriendo que acuda a la cita la contraparte.

Si, al momento de elaborar la solicitud, la persona tiene dificultades para hacerlo, el Centro de Conciliación la puede auxiliar si lo requiere, así como proporcionarle asesoría jurídica de manera gratuita sobre sus derechos y los plazos de prescripción de estos, al igual que respecto de los procedimientos de conciliación y jurisdiccionales para solucionar los conflictos laborales.

Una vez que se presenta personalmente la solicitud de conciliación, ya sea por parte del trabajador o del representante legal de la empresa o sindicato, ante el Centro de Conciliación que corresponda, inicia formalmente el procedimiento de conciliación que regula el Título Trece Bis de la Ley Federal del Trabajo, y entonces la autoridad conciliadora debe tomar una de dos decisiones, expresar por escrito al solicitante que no es competente para conocer del asunto que se pretende conciliar, o establecer que sí es competente y entonces señalar el día, hora y lugar (sala) en que se va a celebrar la audiencia de conciliación, la cual debe efectuarse dentro de los quince días siguientes a la fecha en que se presenta la solicitud. La autoridad conciliadora debe asignar un número de identificación único y un buzón electrónico al interesado, que será creado para comunicaciones relacionadas con el procedimiento de conciliación prejudicial.

En caso de no ser competente para conocer del asunto planteado, la autoridad conciliadora debe enviar la solicitud al centro de conciliación competente por vía electrónica, dentro de las veinticuatro horas siguientes de recibida la solicitud, lo cual deber notificar al solicitante para que acuda ante ella a continuar el procedimiento.

Cabe señalar que cuando en la solicitud de conciliación se manifieste la existencia de acoso sexual, discriminación u otros actos de violencia contemplados por la ley, en los que exista el riesgo inminente de revictimización, la autoridad conciliadora debe tomar las medidas conducentes para que en ningún momento se reúna o encare a la persona citada a la que se le atribuyen tales actos. En estos casos el procedimiento de conciliación se lleva con el representante o apoderado del citado, evitando que la presunta víctima y la persona o personas a quienes se atribuyen los actos de violencia se reúnan o encuentren en un mismo espacio.

Señalada la fecha de la audiencia de conciliación, el centro de conciliación debe emitir un *citatorio* para notificar (avisar) personalmente a la contraparte cuando menos con cinco días de anticipación a la audiencia. En dicho citatorio se debe informar que, de no acudir a la audiencia, se impondrá una multa que puede llegar hasta los ocho mil seiscientos pesos, y se le tendrá por inconforme con todo arreglo conciliatorio. Para agilizar el procedimiento de conciliación, el solicitante puede auxiliar al centro de conciliación para llevar a cabo la notificación de la audiencia de conciliación a la persona, sindicato o empresa que se cita.

Aunque es poco probable, si la solicitud de conciliación es presentada personalmente por ambas partes, la autoridad conciliadora aprovechará la situación para notificarle a ambos, de inmediato, la fecha, hora y lugar de la audiencia de conciliación, misma que debe celebrarse dentro de plazo máximo de cinco días a partir de la fecha de presentación de la solicitud, o en ese momento si es posible hacerlo.

Fijada la fecha de la audiencia de conciliación, pueden presentarse cuatro situaciones; que ninguna de las partes acuda, que el solicitante no acuda, que la contraparte no acuda, o que ambas partes acudan.

En el caso de que alguna o ninguna de las partes se presente en la audiencia de conciliación por causa justificada, a pesar de estar debidamente notificados, entonces se señalará nueva fecha, hora y lugar para la celebración de la audiencia, misma que debe realizarse dentro de los cinco días siguientes. La parte que se haya presentado a la audiencia será notificada de la prórroga de esta y la contraparte que no acuda lo será por el buzón electrónico.

Si la situación fuese que a la audiencia de conciliación solo se presenta el solicitante, la autoridad conciliadora emitirá la constancia de haber agotado la etapa de conciliación prejudicial obligatoria y, en consecuencia, si lo desea, puede solicitar un nuevo proceso de conciliación o iniciar el juicio laboral. Si solo se presenta a la audiencia el citado, entonces se archivará el expediente por falta de interés del solicitante.

En el caso de que el notificador no haya logrado avisar a la persona, empresa o sindicato a citar, no obstante haberlo intentado, la autoridad conciliadora dará por terminada la instancia y emitirá constancia dejando a salvo los derechos del solicitante de la conciliación para promover juicio ante el tribunal laboral competente.

Cuando se trate de asuntos en los que el trabajador es el solicitante de la instancia conciliatoria, es necesario que asista personalmente a la audiencia. Puede asistir acompañado por una persona de su confianza, pero no se reconocerá a esta como apoderado, por tratarse de un procedimiento de conciliación y no de un juicio. No obstante, el trabajador también podrá ser asistido por un licenciado en derecho, abogado o un procurador de la defensa del trabajo. El patrón que es la contraparte debe asistir personalmente o por conducto de un representante que tenga facultades suficientes para adquirir compromisos en su nombre.

Antes de iniciar la audiencia de conciliación, ambas partes deben identificarse con cualquier documento oficial y, si fuera el caso, la persona que comparezca en representación de la persona moral debe acreditar su personalidad. Identificadas las partes, la autoridad conciliatoria asignará a la parte citada un buzón electrónico para recibir notificaciones en el procedimiento de conciliación prejudicial. Hecho lo anterior, el conciliador al que le corresponda conducir la audiencia les formulará a las partes una propuesta de contenido y los alcances de un arreglo conciliatorio, planteando opciones de solución justas y equitativas que, a su juicio, sean adecuadas para dar por terminada la controversia. Si las partes están de acuerdo con la propuesta, entonces celebrarán un *convenio por escrito*, que debe ratificarse en ese acto, entregándose copia autorizada de este a cada una de las partes. Pero si no llegan a un acuerdo, la autoridad conciliadora debe emitir la constancia de haber agotado la etapa de conciliación prejudicial obligatoria, aunque las partes, de común acuerdo, pueden solicitar que se fije una nueva audiencia de conciliación dentro de los cinco días siguientes, para explorar, por segunda ocasión, si es posible llegar a un acuerdo.

Una vez que se celebre el convenio ante el centro de conciliación, este convenio adquiere la condición de cosa juzgada (no admite procesos que lo anulen), por lo que cualquiera de las partes puede solicitar su cumplimiento obligatorio a un tribunal laboral. La autoridad conciliadora debe entregar copia certificada del convenio a cada una de las partes, así como de las actas donde conste el cumplimiento del convenio. La autoridad conciliadora es responsable de que el convenio que se celebre cumpla con los requisitos y prestaciones que la Ley Federal del Trabajo establece, aplicables al caso concreto.

Si el convenio trata sobre algún pago al trabajador y las partes dan cumplimiento voluntario al convenio celebrado, la autoridad conciliadora debe certificar dicha circunstancia, constatando que el trabajador recibe completo y personalmente el pago pactado en el convenio. En caso de que las partes establezcan pagos diferidos, en una o más parcialidades, a cubrir en fecha diversa a la celebración del convenio, debe fijarse una pena convencional para el caso de incumplimiento, que consistirá, cuando menos, en un salario diario del trabajador por cada día que transcurra sin que se dé cumplimiento exacto al convenio.

Es muy importante precisar que la autoridad conciliadora debe hacer del conocimiento de las partes que los elementos presentados por las partes no pueden aportarse como prueba o indicio en ningún procedimiento administrativo o judicial posterior. La información ofrecida por las partes en el procedimiento de conciliación no puede comunicarse a persona o autoridad alguna, a excepción de la *constancia de no conciliación* y, en su caso, el *convenio de conciliación* que se celebre, pero solo al tribunal laboral que corresponda, para lo cual el centro de conciliación debe remitir en forma electrónica dichos documentos, los cuales deben contener los nombres y domicilios señalados por las partes, acompañando las constancias relativas a la notificación de la parte citada que haya realizado la autoridad conciliadora y los buzones electrónicos asignados.

Otro aspecto muy importante que trajo la reforma de 2019 a la Ley Federal del Trabajo es que el procedimiento de conciliación que se ha analizado no debe exceder de cuarenta y cinco días naturales, incluyendo las distintas veces en que se prorrogue la audiencia de conciliación.

El artículo 685 ter de la Ley Federal del Trabajo establece la posibilidad de no agotar la instancia conciliatoria y en consecuencia acudir directamente al juicio laboral, cuando los conflictos laborales se relacionen con:

- Discriminación en el empleo y ocupación por embarazo, así como por razones de sexo, orientación sexual, raza, religión, origen étnico, condición social o acoso u hostigamiento sexual.
- Designación de beneficiarios por muerte.
- Prestaciones de seguridad social por riesgos de trabajo, maternidad, enfermedades, invalidez, vida, guarderías y prestaciones en especie y accidentes de trabajo.
- Protección y garantía de la libertad de asociación, la libertad sindical y el reconocimiento efectivo de la negociación colectiva.
- Trata laboral, así como trabajo forzoso y obligatorio.
- Trabajo infantil.
- La disputa de la titularidad de contratos colectivos o contratos ley.
- La impugnación de los estatutos de los sindicatos o su modificación.

Estas excepciones que hace la norma se deben básicamente a que dichos conflictos se refieren a derechos o situaciones sobre las cuales no se puede negociar, ya que se está atentando directamente contra derechos humanos de los trabajadores.

Juicio laboral

El juicio laboral inicia con la presentación del escrito de demanda ante la oficialía de partes o la unidad receptora del tribunal laboral competente. Esta *demanda*, según lo prescribe el artículo 872 de la Ley Federal del Trabajo, además de formularse por escrito y estar firmada por quien inicia el juicio, debe señalar:

- El tribunal laboral ante el cual se promueve (presenta) la demanda.
- El nombre y domicilio de la persona que inicia el juicio (actor). El domicilio se solicita para que en él se hagan los avisos y notificaciones relacionados con el juicio; sin embargo, el actor puede pedir que le sean notificados en el buzón electrónico que el tribunal laboral le asigne los subsecuentes acuerdos y resoluciones, incluyendo la sentencia que en el caso se emita.
- El nombre, denominación o razón social (si es una empresa o sindicato) del demandado, así como su domicilio. Cuando el trabajador ignore el nombre del patrón o la denominación o razón social del establecimiento en el que labora o laboró, debe precisar en su escrito de demanda, por lo menos, el domicilio de tal establecimiento y la actividad a que se dedica el patrón. El trabajador tiene la opción de acompañar su demanda con cualquier dato o elemento que estime conveniente para facilitar la localización del domicilio del demandado, tales como croquis de localización, fotografías del inmueble o mapa en el que se señale su ubicación exacta.
- Las prestaciones que el actor está reclamando, que se traducen en los derechos humanos laborales que no se están respetando o las obligaciones relacionadas a ellos que no se están cumpliendo.
- Los hechos en los que funde sus peticiones, es decir, los hechos que el actor considera que generan sus derechos y los

hechos que producen o provocan el incumplimiento de esos derechos o las obligaciones que se derivan de ellos.

- La relación de pruebas que el actor pretende se revise en el juicio, para lo cual tiene que expresar el hecho o hechos que se intentan demostrar con tales pruebas.
- Expresar, si fuera el caso, la existencia de un juicio anterior promovido por el actor contra el mismo patrón.

Al escrito de demanda hay que anexar la constancia expedida por el centro de conciliación que acredite la conclusión del procedimiento de conciliación prejudicial que haya finalizado sin llegar a un acuerdo entre las partes, a excepción de los casos que se estudiaron en los que no es necesaria la conciliación. También se debe agregar a la demanda los documentos que demuestren la personalidad del representante del actor, si la demanda se promueve a través de este. De igual manera, hay que adjuntar a la demanda las pruebas que tenga en su poder el actor, así como los elementos necesarios para que puedan revisarse. Si se presentara el caso de no poder aportar directamente alguna prueba que tenga como propósito demostrar los hechos en que funde su demanda, el actor debe señalar el lugar en que puedan obtenerse y las acciones que el tribunal debe realizar para conseguirlas. Por último, a la demanda hay que agregar copias de esta para que sean entregadas a cada uno de los demandados, pero si estas copias no las anexa el trabajador cuando es actor, el tribunal laboral debe subsanar de oficio dicha falta y continuar con el trámite.

Una vez que se reciben la demanda y los anexos, dentro de las veinticuatro horas siguientes a la presentación de la demanda, deben enviarse al tribunal laboral que va a decidir sobre el conflicto que se plantea. Si la demanda reúne los requisitos legales, dicho tribunal *admitirá* la demanda, lo cual debe hacer dentro de los tres días siguientes a su recepción.

Después de admitir la demanda, el tribunal laboral debe *emplazar* (notificar, avisar) a la parte demandada dentro de los cinco días siguientes a su admisión, entregándole copia cotejada del escrito en donde se admite la demanda y del escrito de demanda, así como de las pruebas que se anexaron. El propósito de este emplazamiento es que el demandado *conteste la demanda* por escrito dentro de los quince días siguientes y ofrezca pruebas. Si el demandado no contesta la demanda en dicho plazo, la consecuencia es que las peticiones de la parte actora se admiten, salvo aquellas que sean contrarias a lo dispuesto por la ley, se pierde el derecho a ofrecer pruebas, y se pierde el derecho a recibir los avisos relacionados al juicio de manera personal, por lo que se recibirán en el buzón electrónico generado por el tribunal.

El demandado, al contestar la demanda, debe cuidar que la misma exponga de forma clara y circunstanciada los hechos relacionados con el caso, precise los fundamentos legales en los que se apoya su contestación, exponga los argumentos que a su favor tiene para defenderse, se refiera a todos y cada uno de los hechos que se señalan en la demanda, afirmándolos o negándolos, y expresando los que ignore cuando no sean propios, agregando las manifestaciones que estime convenientes y, si lo considera oportuno, objetar las pruebas ofrecidas por la parte actora. En este escrito de contestación de demanda, el demandado debe presentar las pruebas que considere están a su favor. También debe acompañar la contestación a la demanda con una copia de esta para que le sea entregada al actor.

Al recibir el tribunal laboral la contestación de la demanda, debe enviar una copia al actor para que, en un plazo de ocho días, objete (se oponga a) las pruebas del demandado, formule su *réplica* (respuesta a la contestación) y, en su caso, ofrezca pruebas en relación con dichas objeciones y réplica. La réplica debe estar acompañada de una copia para el demandado y de las pruebas que se ofrezcan. Dicha réplica y sus anexos, vía el tribunal laboral, se envían al demandado para que, dentro del plazo de cinco días, realice una contrarréplica por escrito y, en su caso, objete las pruebas que se mencionan en la réplica.

Desde el momento en que el tribunal laboral recibe la contrarréplica, debe fijar la fecha para celebrar la ***audiencia preliminar***, la cual tendrá verificativo dentro de los diez días siguientes, iniciando con ella la segunda etapa del juicio laboral.

La audiencia preliminar tiene varios propósitos, algunos de tipo técnico y otros relacionados con las intenciones de las partes en el juicio. Esta audiencia es relevante para el actor y el demandado, ya que en ella se fijan los hechos en los que coinciden las partes, se toma la decisión de admitir o no las pruebas ofrecidas por las partes, y se establece la fecha en que se realizará la ***audiencia de juicio***. La audiencia se caracteriza por que se lleva a cabo en presencia de las partes que se presentan a la misma o sus representantes, y en ella el tribunal decidirá sobre los asuntos mencionados; especialmente, fijará la fecha de celebración de la audiencia de juicio, la cual debe ser dentro de los veinte días siguientes al momento en que finaliza la audiencia preliminar.

Con la audiencia de juicio inicia la tercera etapa del juicio laboral. Esta audiencia se realiza con la presencia de las partes que asistan el día y la hora establecida, aunque, ya iniciada, cualquiera de las partes que no haya estado presente al comenzarla se podrá incorporar hasta tanto no se haya dictado su terminación. Si alguna de las partes no se presenta, el tribunal realizará la audiencia con la información que haya aportado la parte ausente y que se encuentre dentro del expediente. La aportación fundamental que brinda la audiencia de juicio a la solución del conflicto es que en ella se desahogarán las pruebas que las partes han ofrecido, lo que implica que:

- Una de las partes pregunte a la otra sobre hechos en los cuales intervino (prueba confesional).
- Se explique el contenido de los documentos (prueba documental).
- Declaren las personas que presenciaron los actos que se pretenden demostrar (prueba testimonial).
- Expresen su opinión profesional los expertos en una ciencia, arte, profesión, técnica, oficio, o industria de que se trate, sobre un hecho en donde las partes no se ponen de acuerdo (prueba pericial).
- La observación y revisión que el tribunal realice en un período establecido sobre la forma en que se desarrollan ciertos actos o el contenido de ciertos documentos, o el estado en que se encuentran determinados objetos (inspección).
- El tribunal establezca la consecuencia de un hecho desconocido por la deducción que haga de uno conocido (prueba presuncional).
- Se consideren el conjunto de actuaciones y elementos que existen en el expediente y los anexos formados con motivo del juicio (prueba instrumental).
- Se revisen las fotografías, videos, audios, sistemas informáticos y, en general, cualquier cosa que se considere como un elemento producto del avance de la ciencia.

Finalizado el desahogo de pruebas, el juez debe otorgar el uso de la voz primero al actor y luego al demandado para que formulen de manera concisa y breve sus *alegatos*. Realizados estos, termina la etapa de juicio y, entonces, el juez debe emitir la sentencia en la misma audiencia, con lo que se pone fin al procedimiento.

Para garantizar el derecho a la defensa judicial de los derechos laborales, el artículo 873-J de la Ley Federal del Trabajo establece que el texto de la sentencia debe ponerse a disposición de las partes en la misma audiencia que pone fin al juicio. Solamente en casos excepcionales, y que así se justifique por la gran cantidad de hechos controvertidos o de las pruebas desahogadas, el tribunal laboral emitirá la sentencia dentro de los cinco días siguientes al de la celebración de la audiencia de juicio. Para que se considere legal, esta sentencia debe contener los siguientes elementos que dicta el artículo 840 de la Ley Federal del Trabajo:

- El lugar, la fecha y la identificación del tribunal laboral que la emite.
- Los nombres y domicilios de las partes y de sus representantes.
- Un resumen de la demanda y su contestación; réplica y contrarréplica, en donde se precisen las peticiones de las partes y los hechos controvertidos.
- Un listado de las pruebas admitidas y desahogadas y la apreciación que se hizo de ellas, señalando los hechos que deban considerarse probados.
- Un extracto de los alegatos.
- Las razones legales o de equidad, la jurisprudencia y la doctrina que les sirva de fundamento.
- Los puntos resolutivos.

Contra la sentencia pronunciadas por el tribunal laboral no procede recurso alguno, por lo que, si el actor o el demandado no están conformes con la sentencia, podrán iniciar un juicio de amparo directo.

Lo señalado a lo largo del apartado ha permitido al emprendedor diferenciar las distintas etapas que conforman el proceso para defender los derechos humanos laborales ante un tribunal, y, al mismo tiempo, ahora estará en una mejor posición para evaluar la efectividad del juicio laboral para proteger los derechos humanos laborales.

REFERENCIAS

Ackerman, M. (2014). *Las Transformaciones del derecho del trabajo en un mundo en crisis*. México: Porrúa.

Belmont Lugo, J. L. y Parra García, M. D. (2017). *Derecho humano a la seguridad social*. México: CNDH.

Bouzas Ortiz, J. A. (2017). *Derecho individual del trabajo*. México: IURE Editores.

Boza Pró, G. (2014). *Surgimiento, evolución y consolidación del derecho del trabajo*. Lima: Thémis.

Canessa Montejo, M. (2009). Los derechos humanos laborales en el derecho internacional. *Derecho PUCP*, 63, 349-373.

CLS. Comité de Libertad Sindical (2018). *Libertad sindical*. Ginebra: OIT.

CNDH (2016). *Derecho Humano al trabajo y derechos humanos en el trabajo*. México: Comisión Nacional de los Derechos Humanos.

Comité-DESC (2006). *Observación General No. 18. El derecho al trabajo*. Ginebra: Consejo Económico y Social de Naciones Unidas.

Comité-DESC (2007). *Observación General No. 19. El derecho a la seguridad social*. Ginebra: Consejo Económico y Social de Naciones Unidas.

Comité-DESC (2016). *Observación General No. 23. El derecho a condiciones de trabajo equitativas y satisfactorias*. Nueva York - Ginebra: Consejo Económico y Social de Naciones Unidas.

Constitución Política de los Estados Unidos Mexicanos (2021). México: Cámara de Diputados.

Corte IDH (2003). *Condición jurídica y derechos de los migrantes indocumentados. Opinión Consultiva 18/03*. Corte Interamericana de Derechos Humanos.

Corte IDH (2017). *Caso Lagos del Campo vs Perú*. Corte Interamericana de Derechos Humanos. 31 de agosto de 2017.

De Buen Lozano, N. (2005). *El Desarrollo del derecho del trabajo y su decadencia*. México: Porrúa.

De Buen Lozano, N. (2019). *Derecho del trabajo*. México: Porrúa.

De la Cueva, M. (2018). *El nuevo derecho mexicano del trabajo I*. México: Porrúa.

García Máynez, E. (2014). *Introducción al estudio del derecho*. México: Porrúa.

Gernigon, B., Odero, A., y Guido, H. (2000). *Principios de la OIT sobre el derecho de huelga*. Ginebra: OIT.

Hernández Cervantes, A. (2013). *Derechos Humanos Laborales*. México: Comisión de Derechos Humanos del Distrito Federal.

Kurczyn Villalobos, P. y Tena Suck, R. (2014). *Temas selectos de derecho laboral*. México: IIJ-UNAM.

Lacalle Noriega, M. (2015). *La persona como sujeto de derecho*. Madrid: Dikinson.

LFT (2021). *Ley Federal del Trabajo*. México: Cámara de Diputados.

Ley del Seguro Social (2019). México: Cámara de Diputados.

Martín Valverde, A., Rodríguez-Sañudo Gutiérrez, F. y García Murcia, J. (2018). *Derecho de trabajo*. Madrid: Difusora Larousse.

Martínez Sicluna, C. (2011). *Teoría del derecho y filosofía del derecho*. Madrid: Colex.

Molina Martínez, S. J. (2017). *El nuevo sistema procesal laboral mexicano. Los principios que ahora deben conformarlo*. México: Consejo de la Judicatura Federal.

Montoya Melgar, A. (2017). *Derecho del trabajo*. Madrid: Editorial Tecnos.

OEA (1948). *Declaración Americana de los Derechos y Deberes del Hombre*. Washington: Organización de Estados Americanos.

OEA (1966). *Convención Americana sobre Derechos Humanos*. San José: Organización de Estados Americanos.

OEA (1988). *Protocolo Adicional a la Convención Americana sobre Derechos Humanos en Materia de Derechos Económicos, Sociales y Culturales «Protocolo de San Salvador»*. San Salvador: Organización de Estados Americanos.

OIT (1919). *Convenio 1 sobre las horas de trabajo (industria).* Ginebra: Organización Internacional del Trabajo.

OIT (1934). *Convenio 30 sobre las horas de trabajo en comercio y oficinas.* Ginebra: Organización Internacional del Trabajo.

OIT (1938). *Convenio 14 sobre el descanso semanal en la industria.* Ginebra: Organización Internacional del Trabajo.

OIT (1948). *Convenio 87 sobre la libertad sindical y la protección del derecho de sindicación.* Ginebra: Organización Internacional del Trabajo.

OIT (1949). *Convenio 98 sobre el derecho de sindicación y de negociación colectiva.* Ginebra: Organización Internacional del Trabajo.

OIT (1951). *Recomendación 91 sobre los contratos colectivos.* Ginebra: Organización Internacional del Trabajo.

OIT (1952). *Convenio 102 sobre la seguridad social.* Ginebra: Organización Internacional del Trabajo.

OIT (1959). *Convenio 106 sobre descanso semanal en el comercio y oficinas.* Ginebra: Organización Internacional del Trabajo.

OIT (1964). *Convenio 122 sobre la política del empleo.* Ginebra: Organización Internacional del Trabajo.

OIT (1970). *Convenio 132 sobre las vacaciones pagadas.* Ginebra: Organización Internacional del Trabajo.

OIT (1981). *Convenio 154 sobre la negociación colectiva.* Ginebra: Organización Internacional del Trabajo.

OIT (1981). *Convenio 155 sobre seguridad y salud de los trabajadores.* Ginebra: Organización Internacional del Trabajo.

OIT (2001). *Guía sobre legislación del trabajo.* Ginebra: Organización Internacional del Trabajo.

OIT (2003). *Hechos concretos sobre la seguridad social.* Ginebra: Organización Internacional del Trabajo.

OIT (2006). *Informe V. La relación de trabajo.* Ginebra: Organización Internacional del Trabajo.

OIT (2009). *Conocer los derechos fundamentales en el trabajo.* San José: OIT Centroamérica.

OIT (2015). *Guía sobre políticas en materia de salario mínimo.* Ginebra: Organización Internacional del Trabajo.

OIT (2016). *Negociación colectiva.* Ginebra: Organización Internacional del Trabajo.

ONU (1948). *Declaración Universal de Derechos Humanos.* Nueva York: Organización de las Naciones Unidas.

ONU (1966). *Pacto Internacional de Derechos Civiles y Políticos.* Nueva York: Organización de las Naciones Unidas

ONU (1966). *Pacto Internacional de Derechos Económicos, Sociales y Culturales.* Nueva York: Organización de las Naciones Unidas.

Orozco Orozco, J. Z., y Valencia Salazar, V. (2019). *Historia del derecho universal y mexicano.* México: Porrúa.

Patlán Pérez, J. (2016, julio-octubre). Derechos laborales: una mirada al derecho a la calidad de vida en el trabajo. *Ciencia Ergo Sum, 23, (2),* 121-133.

Quintana Roldán, C. F. (2017). *Teoría de los derechos humanos laborales.* En *CNDH, Los derechos humanos laborales.* México: Comisión Nacional de los Derechos Humanos y Tribunal Federal de Conciliación y Arbitraje.

Ramagnoli, U. (1997). *El derecho, el trabajo y la historia.* Madrid: Consejo Económico y Social.

Reyes Mendoza, L. (2012). *Introducción al estudio del derecho.* México: Red Tercer Milenio.

Ruiz Moreno, A. G. (2015). *Nuevo derecho de la seguridad social.* México: Porrúa.

Sánchez-Castañeda, A. (2013). El derecho del trabajo frente a la jurisprudencia nacional e interamericana. En E. Ferrer Mc-Gregor Poisot, J. L. Caballero Ochoa y C. Steiner. *Derechos Humanos en la Constitución: Comentarios de Jurisprudencia Constitucional e*

Interamericana (pp. 687-737). México: Suprema Corte de Justicia de la Nación.

Sanguineti Raymond, W. (2008). *El derecho del trabajo como categoría histórica*. Buenos Aires: Thémis.

SCJN (1979). *Interpretación de la garantía de libertad de trabajo y giros reglamentados*. Amparo en revisión 569/79. Séptima Época. 25171331 de 104. México: Tribunales Colegiados de Circuito.

SCJN (1999). *Libertad de trabajo. No es absoluta de acuerdo con los principios fundamentales que la rigen*. Tesis P./J. 28/99 (9a). México: Suprema Corte de Justicia de la Nación.

SCJN. Primera Sala (2011). *Derechos humanos y particulares.*, Amparo directo en revisión 1621/2010. México: Suprema Corte de Justicia de la Nación.

SCJN (2014) *Trabajadores de confianza al servicio de las sociedades nacionales de crédito*. Contradicción de Tesis 5/2014 Décima Época. México: Pleno de Circuitos.

SCJN (2016). *Acoso laboral*. México: SCJN - IIJ UNAM.

SE (2015). *Norma Mexicana NMX-R-025-SCFI-2015. En igualdad y no discriminación*. México: Secretaría de Economía.

STPS (2009). *Norma Oficial Mexicana NOM-030-STPS-2009, Servicios preventivos de seguridad y salud en el trabajo. Funciones y actividades.* México: Secretaría del Trabajo y Previsión Social.

STPS (2011). *Norma Oficial Mexicana NOM-019-STPS-2011, Constitución, integración, organización y funcionamiento de las comisiones de seguridad e higiene*. México: Secretaría del Trabajo y Previsión Social.

STPS (2018). *Norma Oficial Mexicana NOM-035-STPS-2018, Factores de riesgo psicosocial en el trabajo-Identificación, análisis y prevención.* México: Secretaría del Trabajo y Previsión Social.

Zuleta, E. (1981). *El principio de la subsidiariedad en relación con el principio de totalidad*. Madrid. Verbo.

LECTURAS RECOMENDADAS

El forzado inicio de la era digital (Carlos Cáceres Valdebenito)

Un desvío desde la soberbia (Héctor Carbajal)

Camino a la excelencia en el servicio (Fernando Mier)

Filosofía de la calidad (Nelson Delgadillo Pineda)

Descubriendo paso a paso la excelencia en servicio al cliente (Paola Ossa)

El reto. Cómo dirigir un proyecto exitosamente (Luis Llaque Quiroz)

www.ingramcontent.com/pod-product-compliance
Lightning Source LLC
LaVergne TN
LVHW060431051026
849518LV00002B/412